CLASSIQUES

Collection fondée en 1933
continuée
LÉON LEJEALLE (1949 à 1968) et JE
Agrégés des

MOLIÈRE

LE BOURGEOIS GENTILHOMME

comédie - ballet

avec une Notice biographique, une Notice historique et littéraire,
des Notes explicatives, une Documentation thématique, des Jugements,
un Questionnaire et des Sujets de devoirs,

par

YVES HUCHER

Professeur de Lettres
au Lycée Voltaire

LIBRAIRIE LAROUSSE

17, rue du Montparnasse, 75298 PARIS

RÉSUMÉ CHRONOLOGIQUE
DE LA VIE DE MOLIÈRE
1622-1673

1622 (15 janvier) — Baptême à **Paris**, à l'église Saint-Eustache, de Jean-Baptiste Poquelin, fils aîné du marchand tapissier Jean Poquelin et de Marie Cressé.

1632 (mai) — Mort de Marie Cressé.

1637 — Jean Poquelin assure à son fils Jean-Baptiste la survivance de sa charge de tapissier ordinaire du roi. (Cet office, transmissible par héritage ou par vente, assurait à son possesseur le privilège de fournir et d'entretenir une partie du mobilier royal; Jean Poquelin n'était évidemment pas le seul à posséder une telle charge.)

1639 (?) — Jean-Baptiste termine ses études secondaires au collège de Clermont (aujourd'hui lycée Louis-le-Grand), tenu par les Jésuites.

1642 — Il fait ses études de droit à Orléans et obtient sa licence. C'est peut-être à cette époque qu'il subit l'influence du philosophe épicurien Gassendi et lie connaissance avec les « libertins » Chapelle, Cyrano de Bergerac, d'Assoucy.

1643 (16 juin) — S'étant lié avec une comédienne, **Madeleine Béjart,** née en 1618, il constitue avec elle une troupe qui prend le nom d'**Illustre-Théâtre**; la troupe est dirigée par Madeleine Béjart.

1644 — Jean-Baptiste Poquelin prend le surnom de **Molière** et devient directeur de l'Illustre-Théâtre, qui, après des représentations en province, s'installe à Paris et joue dans des salles de jeu de paume désaffectées.

1645 — L'Illustre-Théâtre connaît des difficultés financières; Molière est emprisonné au Châtelet pour dettes pendant quelques jours.

1645
1658 — Molière part pour la **province** avec sa troupe. Cette longue période de treize années est assez mal connue : on a pu repérer son passage à certaines dates dans telle ou telle région, mais on ne possède guère de renseignements sur le répertoire de son théâtre; il est vraisemblable qu'outre des tragédies d'auteurs contemporains (notamment Corneille) Molière donnait de courtes farces de sa composition, dont certaines n'étaient qu'un canevas sur lequel les acteurs improvisaient, à l'italienne.
1645-1653 — La troupe est protégée par le duc d'Epernon, gouverneur de Guyenne. Molière, qui a laissé d'abord la direction au comédien Dufresne, imposé par le duc, reprend lui-même (1650) la tête de la troupe : il joue dans les villes du Sud-Ouest (Albi, Carcassonne, Toulouse, Agen, Pézenas), mais aussi à Lyon (1650 et 1652).
1653-1657 — La troupe passe sous la protection du prince de Conti, gouverneur du Languedoc. Molière reste dans les mêmes régions : il joue le personnage de Mascarille dans deux comédies de lui (les premières dont nous ayons le texte) : *l'Étourdi,* donné à Lyon en **1655**, *le Dépit amoureux,* à Béziers en **1656**.
1657-1658 — Molière est maintenant protégé par le gouverneur de Normandie; il rencontre Corneille à Rouen; il joue aussi à Lyon et à Grenoble.

1658 — Retour à Paris de Molière et de sa troupe, qui devient « troupe de Monsieur »; le succès d'une représentation (*Nicomède* et une farce) donnée devant le roi (24 octobre) lui fait obtenir la **salle du Petit-Bourbon** (près du Louvre), où il joue en alternance avec les comédiens italiens.

1659 (18 novembre) — Première représentation des *Précieuses ridicules* (après *Cinna*) : grand succès.

1660 — *Sganarelle* (mai). Molière crée, à la manière des Italiens, le personnage de **Sganarelle**, qui reparaîtra, **toujours interprété par lui,** dans plusieurs comédies qui suivront. — Il reprend, son frère étant mort, la survivance de la charge paternelle (tapissier du roi) qu'il lui avait cédée en 1654.

© *Librairie Larousse,* 1970.   ISBN 2-03-870101-6

1661 — Molière, qui a dû abandonner le théâtre du Petit-Bourbon (démoli pour permettre la construction de la colonnade du Louvre), s'installe au **Palais-Royal**. *Dom Garcie de Navarre*, comédie héroïque : échec. *L'École des maris* (24 juin) : succès. *Les Fâcheux* (novembre), première comédie-ballet, jouée devant le roi, chez Fouquet, au château de Vaux-le-Vicomte.

1662 — Mariage de Molière avec **Armande Béjart** (sœur ou fille de Madeleine), de vingt ans plus jeune que lui. *L'École des femmes* (26 décembre) : grand succès.

1663 — Querelle à propos de l'*École des femmes*. Molière répond par *la Critique de l'* « *École des femmes* » (1er juin) et par l'*Impromptu de Versailles* (14 octobre).

1664 — Naissance et mort du premier enfant de Molière : Louis XIV en est le parrain. *Le Mariage forcé* (janvier), comédie-ballet. Du 8 au 13 mai, fêtes de l'« Ile enchantée » à Versailles : Molière, qui anime les divertissements, donne *la Princesse d'Élide* (8 mai) et les trois premiers actes du *Tartuffe* (12 mai) : **interdiction** de donner à Paris cette dernière pièce. Molière joue *la Thébaïde*, de Racine.

1665 — *Dom Juan* (15 février) : malgré le succès, Molière, toujours critiqué par les dévots, retire sa pièce après quinze représentations. Louis XIV donne à la troupe de Molière le titre de « troupe du Roi » avec une pension de 6 000 livres (somme assez faible, puisqu'une bonne représentation au Palais-Royal rapporte, d'après le registre de La Grange, couramment 1 500 livres et que la première du *Tartuffe*, en 1669, rapportera 2 860 livres). *L'Amour médecin* (15 septembre). Brouille avec Racine, qui retire à Molière son *Alexandre* pour le donner à l'Hôtel de Bourgogne.

1666 — Molière, malade, cesse de jouer pendant plus de deux mois ; il loue une maison à Auteuil. *Le Misanthrope* (4 juin). *Le Médecin malgré lui* (6 août), dernière pièce où apparaît Sganarelle. En décembre, fêtes du « Ballet des Muses » à Saint-Germain : *Mélicerte* (2 décembre).

1667 — Suite des fêtes de Saint-Germain : Molière y donne encore *la Pastorale comique* (5 janvier) et *le Sicilien ou l'Amour peintre* (14 février). **Nouvelle version du *Tartuffe***, sous le titre de l'*Imposteur* (5 août) : la pièce est **interdite** le lendemain.

1668 — *Amphitryon* (13 janvier). *George Dandin* (18 juillet). *L'Avare* (9 septembre).

1669 — Troisième version du *Tartuffe* (5 février), enfin **autorisé** : immense succès. Mort du père de Molière (25 février). A Chambord, *Monsieur de Pourceaugnac* (6 octobre).

1670 — *Les Amants magnifiques*, comédie-ballet (30 janvier à Saint-Germain). *Le Bourgeois gentilhomme*, comédie-ballet (14 octobre à Chambord).

1671 — *Psyché*, tragédie-ballet avec Quinault, Corneille et Lully (17 janvier), aux Tuileries, puis au Palais-Royal, aménagé pour ce nouveau spectacle. *Les Fourberies de Scapin* (24 mai). *La Comtesse d'Escarbagnas* (2 décembre à Saint-Germain).

1672 — Mort de Madeleine Béjart (17 février). *Les Femmes savantes* (11 mars). Brouille avec Lully, qui a obtenu du roi le privilège de tous les spectacles avec musique et ballets.

1673 — *Le Malade imaginaire* (10 février). A la quatrième représentation (17 février), Molière, pris en scène d'un malaise, est transporté chez lui, rue de Richelieu, et **meurt** presque aussitôt. N'ayant pas renié sa vie de comédien devant un prêtre, il n'avait, selon la tradition, pas le droit d'être enseveli en terre chrétienne : après intervention du roi auprès de l'archevêque, on l'enterre sans grande cérémonie à 9 heures du soir au cimetière Saint-Joseph.

Molière avait seize ans de moins que Corneille, neuf ans de moins que La Rochefoucauld, un an de moins que La Fontaine.

Il avait un an de plus que Pascal, quatre ans de plus que Mme de Sévigné, cinq ans de plus que Bossuet, quatorze ans de plus que Boileau, dix-sept ans de plus que Racine.

MOLIÈRE ET SON TEMPS

	vie et œuvre de J.-B. Poquelin de Molière	le mouvement intellectuel et artistique	les événements politiques
1622	Baptême à Paris de J.-B. Poquelin (15 janvier).	Succès dramatiques d'Alarcon, de Tirso de Molina en Espagne.	Paix de Montpellier, mettant fin à la guerre de religion en Béarn.
1639	Quitte le collège de Clermont, où il a fait ses études.	Mairand : Odes. Tragi-comédies de Boisrobert et de Scudery. Naissance de Racine.	La guerre contre l'Espagne et les Impériaux, commencée en 1635, se poursuit.
1642	Obtient sa licence en droit.	Corneille : la Mort de Pompée (décembre). Du Ryer : Esther.	Prise de Perpignan. Mort de Richelieu (4 décembre).
1643	Constitue la troupe de l'Illustre-Théâtre avec Madeleine Béjart.	Corneille : le Menteur. Ouverture des petites écoles de Port-Royal-des-Champs. Arrivée à Paris de Lully.	Mort de Louis XIII (14 mai). Victoire de Rocroi (19 mai). Défaite française en Aragon.
1645	Faillite de l'Illustre-Théâtre.	Rotrou : Saint Genest. Corneille : Théodore, vierge et martyre.	Victoire française de Nördlingen sur les Impériaux (3 août).
1646	Reprend place avec Madeleine Béjart dans une troupe protégée par le duc d'Épernon. Va en province.	Cyrano de Bergerac : le Pédant joué. Saint-Amant : Poésies.	Prise de Dunkerque.
1650	Prend la direction de la troupe, qui sera protégée à partir de 1653 par le prince de Conti.	Saint-Évremond : la comédie des Académistes. Mort de Descartes.	Troubles de la Fronde : victoire provisoire de Mazarin sur Condé et les princes.
1655	Représentation à Lyon de l'Étourdi.	Pascal se retire à Port-Royal-des-Champs (janvier). Racine entre à l'école des Granges de Port-Royal.	Négociations avec Cromwell pour obtenir l'alliance anglaise contre l'Espagne.
1658	Arrive à Paris avec sa troupe, qui devient la « troupe de Monsieur » et occupe la salle du Petit-Bourbon.	Dorimond : le Festin de pierre.	Victoire des Dunes sur les Espagnols. Mort d'Olivier Cromwell.
1659	Représentation triomphale des Précieuses ridicules.	Villiers : le Festin de pierre. Retour de Corneille au théâtre avec Œdipe.	Paix des Pyrénées : l'Espagne cède l'Artois et le Roussillon à la France.
1660	Sganarelle ou le Cocu imaginaire.	Quinault : Stratonice (tragédie). Bossuet prêche le carême aux Minimes.	Mariage de Louis XIV et de Marie-Thérèse. Restauration des Stuarts.
1661	S'installe au Palais-Royal. Dom Garcie de Navarre. L'École des maris. Les Fâcheux.	La Fontaine : Élégie aux nymphes de Vaux.	Mort de Mazarin (8 mars). Arrestation de Fouquet (5 septembre).

	Molière		Histoire
1662	Se marie avec Armande Béjart. L'École des femmes.	Corneille : Sertorius. La Rochefoucauld : Mémoires. Mort de Pascal (19 août). Fondation de la manufacture des Gobelins.	Michel Le Tellier, Colbert et Hugues de Lionne deviennent ministres de Louis XIV.
1663	Querelle de l'École des femmes. La Critique de « l'École des femmes ».	Corneille : Sophonisbe. Racine : ode Sur la convalescence du Roi.	Invasion de l'Autriche par les Turcs.
1664	Le Mariage forcé. Interdiction du premier Tartuffe.	Racine : la Thébaïde ou les Frères ennemis.	Condamnation de Fouquet, après un procès de quatre ans.
1665	Dom Juan. L'Amour médecin.	La Fontaine : Contes et Nouvelles. Mort du peintre N. Poussin.	Peste de Londres.
1666	Le Misanthrope. Le Médecin malgré lui.	Boileau : Satires (I à VI). Furetière : le Roman bourgeois. Fondation de l'Académie des sciences.	Alliance franco-hollandaise contre l'Angleterre. Mort d'Anne d'Autriche. Incendie de Londres.
1667	Mélicerte. La Pastorale comique. Le Sicilien. Interdiction de la deuxième version du Tartuffe : l'Imposteur.	Corneille : Attila. Racine : Andromaque. Milton : le Paradis perdu. Naissance de Swift.	Conquête de la Flandre par les troupes françaises (guerre de Dévolution).
1668	Amphitryon. George Dandin. L'Avare.	La Fontaine : Fables (livres I à VI). Racine : les Plaideurs. Mort du peintre Nicolas Mignard.	Fin de la guerre de Dévolution ; traités de Saint-Germain et d'Aix-la-Chapelle. Annexion de la Flandre.
1669	Représentation du Tartuffe. Monsieur de Pourceaugnac.	Racine : Britannicus. Fondation de l'Académie royale de musique et de danse.	Mort de Madame. Les états de Hollande nomment Guillaume d'Orange capitaine général.
1670	Les Amants magnifiques. Le Bourgeois gentilhomme.	Racine : Bérénice. Corneille : Tite et Bérénice. Édition des Pensées de Pascal. Mariotte découvre la loi des gaz.	Louis XIV prépare la guerre contre la Hollande.
1671	Psyché. Les Fourberies de Scapin. La Comtesse d'Escarbagnas.	Débuts de la correspondance de Mme de Sévigné avec Mme de Grignan.	Déclaration de guerre à la Hollande. Passage du Rhin (juin).
1672	Les Femmes savantes. Mort de Madeleine Béjart.	Racine : Bajazet. Th. Corneille : Ariane. P. Corneille : Pulchérie.	Conquête de la Hollande. Prise de Maastricht (29 juin).
1673	Le Malade imaginaire. Mort de Molière (17 février).	Racine : Mithridate. Séjour de Leibniz à Paris. Premier grand opéra de Lully : Cadmus et Hermione.	

BIBLIOGRAPHIE SOMMAIRE

OUVRAGES GÉNÉRAUX SUR MOLIÈRE :

Gustave Michaut — *la Jeunesse de Molière* (Paris, Hachette, 1922). — *Les Débuts de Molière à Paris* (Paris, Hachette, 1923). — *Les Luttes de Molière* (Paris, 1925).

Ramon Fernandez — *la Vie de Molière* (Paris, Gallimard, 1930).

Antoine Adam — *Histoire de la littérature française au XVIIe siècle*, tome III (Paris, Domat, 1952).

René Bray — *Molière, homme de théâtre* (Paris, Mercure de France, 1954; nouv. éd. 1963).

Alfred Simon — *Molière par lui-même* (Paris, Éd. du Seuil, 1957).

Jacques Guicharnaud — *Molière, une aventure théâtrale* (Paris, Gallimard, 1964).

René Jasinski — *Molière* (Paris, Hatier, 1970).

Gérard Defaux — *Molière, ou les métamorphoses du comique* (French Forum, Lexington, Kentucky; diff. Klincksieck, 1980).

SUR « LE BOURGEOIS GENTILHOMME » :

Sylvie Chevalley — *« le Bourgeois gentilhomme »* (Coll. Comédie-Française, Éd. S. I. P. E., Paris).

SUR LA LANGUE DE MOLIÈRE :

Jean-Pol Caput — *la Langue française, histoire d'une institution*, tome I (842-1715) [Paris, Larousse, collection L, 1972].

Jean Dubois, René Lagane et A. Lerond — *Dictionnaire du français classique* (Paris, Larousse, 1971).

Vaugelas — *Remarques sur la langue française* (Paris, Larousse, « Nouveaux Classiques », 1969).

DISQUE :

Le Bourgeois gentilhomme a été enregistré par la troupe de la Comédie-Française le dimanche 22 mai 1955 (« l'Encyclopédie sonore », Paris, Hachette).

LE BOURGEOIS GENTILHOMME
1670

NOTICE

CE QUI SE PASSAIT EN 1670

■ *EN POLITIQUE* : *Louis XIV avait achevé, deux ans avant, la guerre de Dévolution par l'avantageux traité d'Aix-la-Chapelle (1668), et venait de conclure avec le roi d'Angleterre le traité secret de Douvres (1670), dirigé contre la Hollande. Les états de Hollande nomment capitaine général Guillaume, prince d'Orange. Rapports diplomatiques très tendus avec la Turquie : de 1667 à 1669, un corps expéditionnaire français combat l'avance turque en Crète. — 30 juin, mort subite à Saint-Cloud de Madame, Henriette d'Angleterre.*

■ *EN LITTÉRATURE* : *Zayde, roman de Mme de La Fayette. Port-Royal donne la première édition des Pensées de Pascal. La Rochefoucauld polit la troisième édition de ses Maximes. Bossuet prononce, le 21 août, l'Oraison funèbre de Madame, à Saint-Denis. Bourdaloue prêche l'Avent devant la Cour. — Au théâtre : En février, Molière fait représenter les Amants magnifiques, à Saint-Germain. En novembre, Racine fait jouer Bérénice, et Corneille, Tite et Bérénice.*

■ *DANS LES SCIENCES ET DANS LES ARTS* : *Le physicien français Mariotte découvre la loi des gaz. — Perrault achève la colonnade du Louvre. Mansard succède à Le Vau pour édifier le palais de Versailles. Colbert se fait construire son château de Sceaux. — Nanteuil, portrait de Colbert. Ruysdael, le Cimetière juif.*

LA COMÉDIE-BALLET EN FRANCE AVANT MOLIÈRE

Quoique l'occasion et les circonstances soient à l'origine des comédies-ballets que Molière nous a laissées, il n'est pas sans intérêt de rappeler les tentatives antérieures dans un genre auquel il a donné ses lettres de noblesse.

Dès le Moyen Age, le genre existait. Faut-il rappeler le *Jeu de Robin et de Marion*, dont Adam de la Halle fut, au XIIIe siècle, le poète et le musicien ? Est-ce à vrai dire autre chose qu'une comédie mêlée de chants et de danses, sur le canevas traditionnel de la pastorale, qui conte l'histoire d'une bergère aimée de « son » Robin et à qui un chevalier fait la cour sans succès ? Et l'œuvre ne fut pas écrite dans une autre intention que de divertir le prince Charles d'Anjou et sa cour, en exil à Naples (Noël 1283).

Trois siècles plus tard, en 1581, était représenté le *Ballet comique de la reine,* œuvre due à la collaboration de trois auteurs, Beaujoyeux, La Chesnaie et le sieur de Beaulieu; ici, à l'union des vers, du chant et de la danse, s'ajoutent l'éclat des costumes et le luxe des machines et des décors. En 1640, De Beys, sous le pseudonyme de Chillac, produit une *Comédie de chansons* dont le mérite, selon l'auteur lui-même, « consiste dans l'ingénieuse invention d'avoir enchaîné des airs de cour et de vaudeville d'une façon subtile ». Ce qui n'était là qu'ambition fort mal réalisée, nous le retrouvons dans l'*Andromède* de Corneille, représentée en 1650, sur le théâtre royal du Petit-Bourbon, avec la musique de Charles d'Assoucy et dans des « machines » inventées par Torelli. « Souffrez, disait Corneille dans l'Argument, que la beauté de la représentation supplée au manque des beaux vers, que vous n'y trouverez pas en si grande quantité que dans *Cinna* ou dans *Rodogune,* parce que mon principal but ici a été de satisfaire la vue par l'éclat et la diversité du spectacle, et non pas de toucher l'esprit par la force du raisonnement, ou le cœur par la délicatesse des passions. »

De son côté, le théâtre du Marais jouait en 1654 la *Comédie sans comédie,* de Quinault, « réunion de pièces détachées, qui ne sont reliées entre elles que par le prologue et quelques vers en tête du second acte et à la fin du dernier ». *L'Amour malade* (1657) est une sorte de comédie en musique, dont le souvenir ne s'est pas plus conservé que celui de bien des essais précédents. Si l'on ajoute que Perrin et Cambert ont connu un succès, réel sans doute mais sans lendemain, avec leur *Pastorale en musique,* que *les Rieurs du Beau Richard,* de La Fontaine, furent joués à Château-Thierry, la même année (1659), on comprendra combien l'auteur du *Bourgeois gentilhomme* doit peu à ses prédécesseurs.

Cependant, il faut dire encore un mot des « ballets de cour », composés d'entrées, de vers et de récits, pour lesquels on distribuait un programme, ou « livre », qui mettait les spectateurs au fait de ce que représentaient les danseurs et de ce qu'ils voulaient exprimer; le tout s'accompagnait de « madrigaux » à la louange de ceux qui devaient paraître dans divers rôles, et de « récits », tirades ou couplets, qui assuraient les enchaînements. Sur ces sortes d'ouvrages, contentons-nous de citer le jugement de l'abbé de Pure : « Il n'est tenu que de plaire aux yeux, de leur fournir des objets agréables et dont l'apparence et le dehors impriment de fortes et de belles images. » A cela, rien de surprenant : l'invention des ballets, le « dessein », n'était nullement le fait d'hommes de lettres, mais le privilège de seigneurs de la Cour; déjà, à l'époque d'Henri IV ou de Louis XIII, Sully, le duc de Guise, le duc de Nemours surtout, considérèrent cet office comme un privilège, avant même certains contemporains de Molière, le duc de Saint-Aignan, par exemple, qui a peut-être servi de modèle à l'auteur du *Misanthrope* pour son personnage d'Oronte. La magnificence était la seule qualité de ces productions, dont la monotonie, le manque d'unité et d'art, le seul souci de frapper les yeux expliquent le succès éphémère. Le jour où, le goût s'amendant, on aura l'idée de faire appel à un spécialiste pour établir un juste équilibre entre la poésie, la musique et la danse, où l'on ne verra plus alterner des scènes sans suite avec des danses sans signification, ce jour-là on assistera à la naissance d'un spectacle nouveau : ce sera l'œuvre de Molière.

LA COMÉDIE-BALLET DANS L'ŒUVRE DE MOLIÈRE

Ce genre occupe une part importante dans l'œuvre de Molière et alterne avec ce qu'on est convenu d'appeler les « farces » et les « grandes comédies ». Ce sont : *les Fâcheux* (1661), *le Mariage forcé* (1664), *la Princesse d'Elide* (1664), *l'Amour médecin* (1665), *Mélicerte, la Pastorale comique, le Sicilien ou l'Amour peintre* (déc. 1666-févr. 1667), *George Dandin* (1668), *Monsieur de Pourceaugnac* (1669), *les Amants magnifiques* (1670), *le Malade imaginaire* (1673).

Comme on le voit, la cadence de ces œuvres ne se ralentit pas au cours des années, ce qui dit assez le plaisir que Molière prenait à un genre qu'il avait abordé par hasard. En effet, le désir de Fouquet d'éblouir Louis XIV, lors des fêtes qu'il offrit au souverain en 1661 et qui devaient entraîner sa perte, la nécessité de réaliser en quinze jours une comédie « à tiroir », voilà ce qui dicta à Molière l'une des plus originales de ses idées. A ce sujet, l'Avertissement des *Fâcheux* est un document de première importance : « Comme il n'y avait, écrit Molière, qu'un petit nombre choisi de danseurs excellents, on fut contraint de séparer les entrées de ce ballet, et l'avis fut de les jeter dans les entractes de la comédie, afin que ces intervalles donnassent temps aux mêmes baladins de revenir sous d'autres habits; de sorte que, pour ne point rompre aussi le fil de la pièce par ces manières d'intermèdes, on s'avisa de les coudre au sujet du mieux que l'on put et de ne faire qu'une seule chose du ballet et de la comédie. » Ne faire « qu'une seule chose », n'est-ce pas tout justement mettre un trait d'union entre les deux termes, autrement dit créer la « comédie-ballet » ?

A vrai dire, « créer » n'est pas le terme exact. Sans être « grand Grec » et pour être plus proche de Plaute et de Térence que d'Aristophane, Molière n'ignorait pas la manière dont le grand comique d'Athènes unissait la musique, la danse et la poésie. Incorporer la danse à l'action, demander à la musique de fortifier l'expression du sentiment et l'intérêt des situations, voilà ce qu'emprunte à l'auteur des *Nuées* l'auteur des *Amants magnifiques*, qui ose même, dans cette dernière œuvre, recréer la pantomime. « Ne voudriez-vous pas, Madame, dit ici Cléonice à Ériphile, voir un petit essai de la disposition de ces gens admirables qui veulent se donner à vous? Ce sont des personnes qui, par leurs pas, leurs mouvements et leurs gestes, expriment aux yeux toutes choses; et on appelle cela pantomime.

J'ai tremblé à vous dire ce mot, et il y a des gens dans votre cour qui ne me le pardonneraient pas. »

La pantomime aura sa place dans toute l'œuvre de Molière, et surtout peut-être dans *le Bourgeois gentilhomme*. Mais si Molière se soucie du moindre détail des costumes et de la décoration, et si, à la faveur de la danse et de la musique, il traite toute une catégorie de sujets que, sans leur concours, il n'eût pu aborder, il a néanmoins toujours considéré comme admis et indiscutable qu'à son art propre revenait la première place. Relisons, à ce sujet, le Prologue de *l'Amour médecin* : la comédie seule y a la parole (au moins dans l'édition originale); la comédie-ballet s'intitule « comédie » tout court. Enfin, et surtout, c'est à la comédie que revient l'honneur de proposer à la musique et au ballet de cesser leurs querelles

Pour donner du plaisir au plus grand roi du monde.

Si « tout le secret des armes ne consiste qu'en deux choses : à donner et à ne point recevoir », le secret de la comédie-ballet consiste, pour le poète, à donner encore plus qu'on ne reçoit; c'est ce secret qui inspira à Molière son *Bourgeois gentilhomme* et même son *Malade imaginaire*. Pour l'auteur du *Tartuffe* — il l'affirme dans la Préface —, « la comédie est un poème ingénieux qui, par des leçons agréables, tend à reprendre les défauts des hommes » : lorsqu'il a conçu un poème, encore plus « ingénieux », où l'agréable prend le pas sur la morale ou sur l'intention moralisante, alors Molière a réalisé le chef-d'œuvre de la comédie-ballet; sans doute même est-il le seul à avoir donné à ce genre hybride valeur d'œuvre d'art.

CIRCONSTANCES DE LA COMPOSITION ET DE LA REPRÉSENTATION DU « BOURGEOIS GENTILHOMME »

« Le roi ayant voulu faire un voyage à Chambord pour y prendre le divertissement de la chasse voulut donner à sa cour celui d'un ballet, et comme l'idée des Turcs, qu'on venait de voir à Paris, était encore toute récente, il crut qu'il serait bon de les faire paraître sur la scène. »

Ce que dit aussi le chevalier d'Arvieux en ses *Mémoires*, c'est que la visite à la Cour de l'envoyé de la Porte, en novembre 1669, avait laissé un souvenir assez cocasse. Pour impressionner l'homme du sérail, Louis XIV s'était présenté dans le plus grand faste : son brocart d'or était tellement couvert de diamants « qu'il semblait environné de lumière »; son chapeau était orné d'un « bouquet de plumes magnifiques ». Les gentilshommes étaient à l'image du maître, groupés dans la salle d'audience, où un trône d'argent avait été dressé sur une haute estrade. Or, à l'issue de la réception, le Turc, d'un ton froid et cinglant, d'affirmer que « lorsque le Grand Seigneur se montrait au peuple, son cheval était plus richement orné que l'habit qu'il venait de voir ».

Laurent d'Arvieux était mieux placé que quiconque pour connaître les impressions du Turc, puisqu'il jouait, dans cette farce vécue, le rôle de l'interprète, du « truchement », et, plus d'une fois sans doute, Louis XIV dut-il, avant Monsieur Jourdain, lui dire : « Où allez-vous donc ? Nous ne saurions rien dire sans vous ! »

Nous savons très précisément par les *Mémoires* de l'illustre voyageur dans quelles circonstances le divertissement fut commandé par le roi. « Sa Majesté m'ordonna, écrit d'Arvieux, de me joindre à MM. Molière et Lully pour composer une pièce de théâtre où l'on pût faire entrer quelque chose des habillements et des manières des Turcs. Je me rendis pour cet effet au village d'Auteuil, où M. Molière avait une maison fort jolie. Ce fut là que nous travaillâmes à cette pièce de théâtre que l'on voit dans les œuvres de Molière sous le titre de *Bourgeois gentilhomme*, qui se fait Turc pour épouser la fille du Grand Seigneur. Je fus chargé de tout ce qui regardait les habillements et les manières des Turcs. La pièce achevée, on la présenta au roi qui l'agréa, et je demeurai huit jours chez Baraillon, maître tailleur, pour faire faire les habits et les turbans à la turque. Tout fut transporté à Chambord, et la pièce fut représentée dans le mois avec un succès qui satisfit le roi et la Cour. »

Ce texte reste capital pour deux raisons. Tout d'abord, il contient cette curieuse précision au sujet de Monsieur Jourdain *qui se fait Turc pour épouser la fille du Grand Seigneur*. Certains commentateurs en ont déduit que d'Arvieux n'avait pas même lu la pièce. A cette explication peu vraisemblable, nous préférons une autre explication : c'était là le dénouement d'un canevas primitif sur lequel Molière a brodé et qu'il a considérablement modifié. D'autre part, certains ont prétendu que l'œuvre aurait été improvisée en dix jours à Chambord ; ils s'appuient pour cela sur le titre primitif, « comédie-ballet *faite à Chambord* », et sur les dates connues du déplacement de la troupe, qui arriva le 3 octobre 1670 et joua le 14. Il est bien évident qu'il faut comprendre « représentée » et non « écrite, montée et représentée », comme le furent *les Fâcheux* en 1661. *Le Bourgeois gentilhomme* est donc une œuvre de circonstance, certes, non une œuvre hâtivement improvisée.

L'accueil fait à la création est douteux : Grimarest prétend que le roi se montra distant et froid. Ce ne serait qu'à la deuxième représentation qu'il aurait dit à Molière : « En vérité, vous n'avez encore rien fait qui m'ait plus diverti, et votre pièce est excellente. » Selon le gazetier Robinet, au contraire, la première représentation semble avoir été un succès. En tout état de cause, l'œuvre fut jouée quatre fois à Chambord, les 14, 16, 20 et 21 octobre, et plusieurs fois au début de novembre à Saint-Germain, pour le divertissement des nobles invités. Dès le 23 novembre, les spectateurs de la ville virent *le Bourgeois gentilhomme* au théâtre du Palais-Royal, et lui firent un franc succès, car on ne retrancha aucun des « agréments » — le terme est de Molière —, c'est-à-dire des danses, chants et autres divertissements de la comédie. De 1680 à 1967, *le Bourgeois gentilhomme* a été représenté 1 065 fois à la Comédie-Française, contre 2 762 représentations du *Tartuffe* et 1 656 du *Malade imaginaire*. En fait, pendant le XVIIIe et le XIXe siècle, la pièce fut relativement peu jouée : si le nombre des représentations a approché de 50 en 1690, 1720, 1860 et 1930, il a été inférieur à 10 en 1800 et en 1850. Le renouveau du *Bourgeois gentilhomme* à la Comédie-Française date de 1944, quand on fit appel à Raimu, plus connu alors du public comme acteur de cinéma, pour tenir le rôle de Monsieur Jourdain; mais le succès de la pièce s'est encore affirmé depuis 1951, c'est-à-dire depuis que Louis Seigner a pris possession du rôle du Bourgeois : 407 représentations de la comédie ont été données de 1951 à 1967. C'est le premier spectacle que la troupe du Théâtre-Français a présenté en Amérique et à Moscou, avec un égal succès. La qualité de cette interprétation, la beauté des décors et des costumes, la perfection des ensembles et de la mise en scène expliquent peut-être ce regain de succès. Mais sans doute faudrait-il en chercher les causes plus loin, dans l'œuvre elle-même, dans son mouvement et sa verve, et dans le goût d'un public que le cinéma a habitué aux « superproductions » et qui va volontiers vers les réalisations scéniques capables de rendre le théâtre à son état premier d'art de synthèse, où s'accordent la poésie, la musique, la danse et même les couleurs.

ANALYSE DE LA PIÈCE

(Les scènes principales sont indiquées entre parenthèses.)

L'œuvre comprend cinq actes, si l'on considère la « comédie »; mais si l'on s'en tient au livret du « ballet », elle se découpe en trois parties.

■ *ACTE PREMIER ET ACTE II.* **Monsieur Jourdain et ses maîtres.**

Le maître à danser et le maître de musique s'entretiennent de leur art et se moquent complaisamment du parvenu qui les paie. Monsieur Jourdain survient et, après avoir jugé « lugubre » une chanson qu'on lui fait entendre, estime « bien troussé » le premier divertissement qu'on lui présente, avant de voir le suivant, qui forme le premier intermède **(acte premier, scène II).**

Monsieur Jourdain commande alors un ballet pour un dîner qu'il doit offrir à des personnes de qualité. Il prend sa leçon de danse et s'instruit de la manière de faire la révérence à une marquise. Violente intrusion du maître d'armes, qui oppose sa science à celle des deux autres maîtres. On va en venir aux mains quand survient le maître de philosophie, qui prêche « la patience et la modération ». Interrogé sur la suprématie de l'un des trois arts, il soutient la prééminence de la philosophie, et fait l'unanimité contre lui. Une bataille, où Monsieur Jourdain refuse d'intervenir pour ne pas gâter sa belle robe de chambre, entraîne la sortie des combattants. De retour auprès de son élève, le maître de philosophie propose de lui enseigner la logique, la morale et la physique. Monsieur Jourdain préfère se limiter à l'orthographe; ayant pris leçon, il demande conseil pour la rédaction d'un billet galant destiné à une marquise (**acte II, scène IV**). Il reçoit ensuite son maître tailleur, qui lui apporte son habit. Mais « cela ne va pas sans cérémonie », et l'acte se termine par une entrée de ballet des garçons tailleurs, qui habillent Monsieur Jourdain, en cadence, après avoir reçu un généreux pourboire (**acte II, scène V**).

■ *ACTE III.* **Qui sera gendre de Monsieur Jourdain?**

Au moment d'aller en ville pour montrer son habit, Monsieur Jourdain essuie les moqueries de sa servante Nicole et les sarcasmes de sa femme, qui lui reproche de fréquenter les nobles, de négliger sa maison et de ne pas s'occuper du mariage de leur fille Lucile (**scène III**). Survient Dorante, ce seigneur qui parle de Monsieur Jourdain dans la chambre du roi, mais qui vit à ses dépens et se prépare à utiliser sa maison et sa bourse en abusant de sa crédulité. Au désespoir de sa femme, Monsieur Jourdain accepte encore de prêter de l'argent à Dorante, qui s'est chargé d'offrir une bague à cette fameuse marquise dont rêve le Bourgeois et dont on sait le nom : Dorimène (**scène IV**). Alors qu'il prépare la réception que Dorante veut offrir à Dorimène aux frais de son bienfaiteur, Monsieur Jourdain, à demi découvert par son épouse et sa servante, quitte la place (**scène VI**). Surviennent Cléonte, amoureux de Lucile, et son valet Covielle, qui courtise Nicole. Une scène de dépit amoureux éclate entre les deux amants, scène reprise en écho comique par les deux serviteurs (**scène X**). Mais tout finit par une double réconciliation, et Madame Jourdain, prête à défendre la candidature de Cléonte, conseille à celui-ci de profiter du retour de Monsieur Jourdain pour lui demander la main de Lucile. Le malheureux jeune homme se voit brutalement évincé parce qu'il a eu l'honnêteté de ne pas se faire passer pour gentilhomme (**scène XII**). Fureur de Madame Jourdain qui sort à la poursuite de son mari, tandis que Covielle propose à son jeune maître un stratagème dont il l'entretiendra mieux hors de la maison. Dorante reparaît en compagnie de Dorimène, qui s'inquiète de toutes les dépenses qu'à ses yeux Dorante fait pour elle. Monsieur Jourdain revient, se pavane devant Dorimène, qui ne comprend pas tout de ce manège, et les convives se mettent à table, tandis que les cuisiniers exécutent le troisième intermède (**scène XIX**).

■ *ACTES IV ET V.* **De la cérémonie turque au ballet des nations.**

A la fin du festin, Madame Jourdain surgit et interrompt les ridicules compliments dans lesquels s'empêtre Monsieur Jourdain, fort préoccupé de plaire à Dorimène; celle-ci, outrée, sort en compagnie de Dorante **(acte IV, scène II)**. La dispute entre les deux époux est à peine terminée qu'on voit arriver Covielle, déguisé en Turc; Monsieur Jourdain, naturellement, ne le reconnaît pas. Covielle annonce au Bourgeois épanoui que le fils du Grand Turc a vu Lucile, s'est follement épris d'elle et veut l'épouser sur le champ. Il s'agit bien entendu de Cléonte, également déguisé en Turc. Mais cela nécessite une petite cérémonie : il faut que Monsieur Jourdain soit, de la main de son futur gendre, élevé à la dignité de « Mamamouchi » **(acte IV, scène V)**. Monsieur Jourdain accepte, et la cérémonie a lieu en présence de Dorante, qui consent, dans son propre intérêt, à favoriser l'intrigue.

A peine remis des coups de sabre et des coups de bâton qu'il a reçus durant la cérémonie, mais fier de son titre et de son turban, Monsieur Jourdain voit revenir son épouse, de plus en plus outrée. Elle croit son mari devenu fou et veut l'empêcher de sortir **(acte V, scène première)**. Pendant qu'elle se lance à sa poursuite, Dorimène reparaît et propose à Dorante de l'épouser... pour mettre un terme aux dépenses qu'elle lui voit faire pour elle! Cléonte et Covielle entrent pour procéder au contrat qui unira le prétendu fils du Grand Turc à la fille de Monsieur Jourdain. Monsieur Jourdain veut imposer le fils du Grand Turc à Lucile, qui ne refuse qu'un instant, le temps de reconnaître Cléonte et Covielle sous leur déguisement. Madame Jourdain, qui, elle, dans son entêtement, ne veut rien voir, est plus longue à découvrir la supercherie et à faire semblant de s'incliner **(acte V, scène VII)**. L'action se termine donc par un triple mariage : le notaire viendra établir les contrats de Lucile et de Cléonte, de Dorimène et de Dorante, de Nicole et de Covielle. Monsieur Jourdain, que rien ne peut détromper, assistera, avec toute la compagnie, au fameux ballet qui avait été préparé.

LES SOURCES DU « BOURGEOIS GENTILHOMME »

Molière a, comme souvent, fait ici quelques emprunts. Le désir de s'instruire animait déjà Strepsiade, dans les *Nuées* d'Aristophane, et le vieillard s'émerveillait de la science de son maître Socrate, qui ne lui enseignait pourtant que des rudiments; il s'empressait ensuite de faire bien maladroitement étalage de sa science auprès de son fils Phidippide, comme le fera Monsieur Jourdain auprès de sa femme et de Nicole. Plaute a peut-être fourni à Molière l'idée de la scène du festin offert à Dorimène et troublé par l'arrivée inattendue de Madame Jourdain. Quant à la « turquerie », elle a été inspirée, on l'a vu, par des événements récents, mais cette première forme de l'exotisme oriental n'est pas unique dans la littérature du XVIIe siècle. Dès 1641, Scudéry et sa sœur avaient fait paraître un long roman, *Ibrahim ou l'Illustre Bassa*, qui se passait dans une Turquie de fantaisie. En 1645, Rotrou, dans sa comédie *la Sœur*, fait parler turc à l'un de ses personnages. Lully avait offert, en 1660, à la Cour un *Récit turquesque* qui avait enchanté Louis XIV. Toutes les œuvres grecques, latines ou modernes qu'on vient de citer ont pu suggérer à Molière des situations, des répliques, des détails, sans qu'il y ait d'imitation à proprement parler. L'essentiel du *Bourgeois gentilhomme* vient de Molière lui-même.

Non seulement les scènes de brouille et de réconciliation entre Cléonte et Lucile, Covielle et Nicole (acte III, scènes IX et X) rappellent la comédie du *Dépit amoureux*, mais il est possible que Molière ait consulté les notes de ce « magasin d'ébauches » dont parle Baron et où le « contemplateur » avait accumulé vingt bonnes années d'observations amusées ou amères. Ce qui est frappant surtout dans *le Bourgeois gentilhomme*, c'est que Molière a, beaucoup plus qu'ailleurs, façonné ses personnages en pensant aux interprètes auxquels il allait confier les différents rôles.

Le maître d'armes « grand cheval de carrosse », c'est de Brie. Lucile a les yeux et la taille d'Armande Béjart. Nicole a le rire de la Beauval, et le public de l'époque, connaissant la bêtise et le caractère acariâtre de celle-ci, devait bien rire en entendant Monsieur Jourdain dire à sa femme et à Nicole : « Vous parlez toutes deux comme des bêtes. » Madame Jourdain, c'est un rôle en or pour Hubert, qui avait l'art de jouer les femmes d'âge mûr. Enfin, Monsieur Jourdain, c'est un rôle que Molière se donne à lui-même, le plus complet et le plus haut en couleur, dans tous les sens de l'expression. Il aime chanter, et Monsieur Jourdain chante, comme Sganarelle, Argan et tant d'autres de ses personnages, parmi lesquels Alceste lui-même ; il aime parodier et Monsieur Jourdain reproduit les jeux de physionomie de son maître de philosophie ou les gestes de son maître d'armes. Il est bilieux et entre en des colères d'enfant, qui ne durent pas et ne vont pas loin : Monsieur Jourdain s'emporte contre tout et contre tous. Il aime les déguisements et les couleurs chatoyantes : le rôle de Monsieur Jourdain est pour lui une occasion de déguisements variés, éclatants et... coûteux !

Ainsi, *le Bourgeois gentilhomme* reprend, par certains aspects, l'allure d'une comédie « à l'italienne », où les personnages semblent un peu faits pour leurs interprètes. Cette conception s'explique d'autant mieux dans une pièce qui est un divertissement et dans laquelle l'action est assez librement menée.

L'ACTION DANS « LE BOURGEOIS GENTILHOMME »

Toute la pièce tient entre la préparation et la représentation du ballet à offrir en « cadeau » à la marquise Dorimène. Aussi voit-on Monsieur Jourdain, en cette journée si importante pour sa vie sentimentale, donner toute son attention aux morceaux de musique qu'il a commandés (acte premier, scène II) et apprendre la révérence (acte II, scène première) ; s'il fait appel pour la première fois à un maître de philosophie, c'est pour apprendre à tourner un billet galant autant que pour s'initier à l'orthographe (acte II, scène IV). Mais, au troisième acte, l'opposition de Madame Jourdain aux folies de son mari la pousse non seulement à faire échec aux intrigues amoureuses de celui-ci, mais aussi à hâter le mariage de Lucile avec Cléonte, afin de tenir tête sur ce point également aux prétentions de Monsieur Jourdain. Ces deux plans de l'action se déroulent parallèlement : à peine Madame Jourdain a-t-elle mis fin par son arrivée inopinée au divertissement offert pour Dorimène que Coviell survient, mettant en œuvre le stratagème qui permettra le mariage de Cléonte et de Lucile ; tout le monde, y compris Dorante et Dorimène, participe à ce jeu, dont le spectateur est aussi complice. Et puisque les vœux de tous sont satisfaits, on peut, dans la joie générale, assister au ballet qui avait été prévu à l'origine pour couronner la réception de Dorimène.

Infiniment moins ténue que dans les autres comédies-ballets, moins âpre que dans *George Dandin,* mais aussi beaucoup moins profonde, moins vraisemblable et moins « une » que dans *le Malade imaginaire,* l'action du *Bourgeois gentilhomme* est suffisamment étoffée, habilement conduite, et surtout supérieurement unie aux divertissements et aux intermèdes dont elle n'est que l'occasion. Si c'est là un prétexte, il demeure essentiel, et il fournit à Molière une riche peinture de caractère, une satire de mœurs hardie et un véritable feu d'artifice de comique et d'esprit.

LES PERSONNAGES ET LEURS CARACTÈRES

Comme à l'ordinaire, le couple des jeunes premiers est ici fort sacrifié. Si nous avons le temps de nous apercevoir que **Cléonte** est un charmant garçon, d'une parfaite droiture de caractère, qui ne se prête à la ruse que lui fournit son valet que par nécessité, **Lucile** est à peine esquissée et ne fait que bien jouer sa scène de dépit amoureux. Elle n'a pas même le temps de supplier son père, encore moins d'envisager « de se donner la mort si l'on me violente », comme Mariane dans *le Tartuffe.* Au reste, pas un instant nous ne craignons pour le bonheur de ce jeune couple, car pas un instant la comédie n'est au bord du drame.

Dorimène, marquise authentique, jeune veuve discrète et sincère, traverse l'action sans bien se rendre compte de ce que tout cela veut dire : elle ne soupçonne ni le double jeu de Dorante ni les intentions de Monsieur Jourdain, et ne comprend rien aux reproches de Madame Jourdain.

Coviell, issu de la comédie italienne — son nom l'indique assez —, est cousin de Scapin, comme **Nicole** est digne de Dorine et de Toinette. Toujours prêts à rire et heureux de jouer quelque bon tour qui serve les intérêts de leurs jeunes maîtres, ils ont aussi une scène bien à eux : celle du dépit amoureux, où ils doublent de façon plaisante les sentiments et les paroles de Lucile et de Cléonte.

Aidée et soutenue de cette servante qui n'oublie rien de ses origines paysannes, **Madame Jourdain,** femme de tête, défend sa maison, son bien, son foyer et surtout sa fille. Une rapide comparaison, à son sujet, montre bien l'art de Molière pour mettre ses personnages « en situation ». Harpagon est veuf : la solitude où il se retrouvera au dénouement de *l'Avare* en sera mieux marquée. Argan est remarié : ce n'est pas la mère de Louison et d'Angélique qui cherche à mettre la main sur le bien du *Malade imaginaire* et guette sa mort. Orgon est aussi remarié, et la lutte d'Elmire contre Tartuffe, pour le bonheur de tous, n'en a que plus de grandeur et de noblesse. Il fallait que la douce folie de Monsieur Jourdain s'opposât au bon sens d'une épouse, qui ne s'est jamais gênée pour contrecarrer les volontés de son mari. Si le langage de celle-ci paraît vulgaire et son idéal un peu borné, c'est qu'elle tient aux traditions et même aux préjugés de cette bourgeoisie que son mari veut renier. Par esprit de contradiction, elle accentue encore, quand elle est en présence de Dorante, cette rudesse qui est pour elle une forme de la résistance.

Personnages épisodiques et nullement secondaires, les **« maîtres »** : le tailleur, intéressé, arrogant, incapable de cacher son mépris; le bretteur, silhouette haute en couleur, qui ne s'embarrasse pas de préambule; le musicien et le danseur, qui s'entendent et se complètent si bien; le philosophe, avec des traits caricaturaux hérités du pédant traditionnel de la farce, mais observé jusque dans le moindre détail.

Les « maîtres » ne sont pas seuls à profiter de Monsieur Jourdain, car voici **Dorante.** Il s'agit en fait d'un personnage fort équivoque, ancêtre de ceux qu'on appellera bientôt « chevaliers d'industrie ». Il pratique sans scrupule l'abus de confiance, et on peut plaindre Dorimène, qui semble ne rien voir de sa duplicité. Est-il un noble authentique ou usurpe-t-il ses titres? Rien ne le précise. Il n'a point, en tout cas, la dignité morale qui convient à son rang. Il est au centre de la satire sociale dont nous parlerons.

Mais voici que paraît **Monsieur Jourdain,** et le rire fuse : en robe de chambre, en habit aux « fleurs en en-bas », en Mamamouchi, toujours il fera rire. D'abord, parce qu'il combine la sottise et la vanité. Ensuite, parce que pas un instant, à la différence d'Harpagon, d'Orgon et même d'Argan, il ne nous inquiète. Pour un peu, tant il nous amuse, nous serions tentés de prendre sa défense. Au fond, il n'a que le tort de se laisser aller trop tard à des prétentions, alors fort communes; tous ses efforts sont ceux d'un pataud, lourdaud et maladroit. Mais sa naïveté est désarmante tout comme sa maladresse. Au reste, il n'est ni intéressé ni méchant : menace-t-il sa fille de la faire marquise ou duchesse? Nous n'y croyons pas plus qu'à sa colère contre son maître tailleur ou contre Nicole. Fait-il la cour à Dorimène? C'est au titre, non à la femme, qu'il s'intéresse; ce n'est pas « Dorimène » qui l'aveugle, c'est « une marquise ». Pour envelopper ce rôle de notre dédain, de notre mépris et même de notre dégoût, attendons de voir tous les personnages inquiétants, répugnants que nous proposeront les successeurs de Molière, et en particulier Monsieur Turcaret, de Lesage, auquel il faut sans cesse penser en voyant Monsieur Jourdain. Celui-ci n'est pas plus antipathique que ne le sera Monsieur Perrichon. Et nous dirions volontiers que son créateur et premier interprète n'avait que de la sympathie pour lui. On sait ceux que Molière poursuit de sa haine : les tartufes et autres hypocrites de tout poil et de tout langage. On connaît ceux en qui l'odieux et le ridicule cohabitent : Harpagon et Dandin, Orgon et Argan, Arnolphe et même Alceste. Monsieur Jourdain, lui, n'est que ridicule. Molière est sorti de la boutique d'un tapissier qui vendait du drap, lui aussi ; le père Poquelin, qui envoie son fils au collège, souhaitant qu'il apprenne le grec, puis fasse ses études de droit, fait-il autre chose que de réaliser en son fils ce que Monsieur Jourdain voudrait obtenir pour lui-même? Monsieur Jourdain est d'un ridicule énorme, mais pas un instant il n'inspire répulsion ni dégoût. Dans ses costumes (en lire la description dans la Documentation thématique), la dominante est le vert, couleur préférée de Molière. C'est aussi la couleur des rubans d'Alceste : toute la différence, c'est que, sur toute la personne de Monsieur Jourdain, le vert se mélange au rouge et au jaune, ce qui est normal pour ce perroquet de la noblesse, un perroquet fort apprivoisé, aux colères sans gravité, et dont le bec ne s'avance jamais de façon inquiétante !

LA SATIRE SOCIALE ET LA PORTÉE DE L'ŒUVRE

A rire de si bon cœur de Monsieur Jourdain, on en oublierait bien volontiers que le *Bourgeois gentilhomme* comporte une satire sociale. A vrai dire, on n'est point très sûr que Molière y ait beaucoup songé! Mais d'autres y ont pensé pour lui, qui sont même allés jusqu'à voir dans la cérémonie turque une parodie de la messe! Sans aller aussi loin, on peut admettre que la discussion entre Cléonte et Monsieur Jourdain (acte III, scène XII) est la preuve de préoccupations que Molière n'a cessé de répandre dans son œuvre depuis *Dom Juan* et le *Tartuffe*. En refusant de passer pour ce qu'il n'est pas, pour un gentilhomme, Cléonte veut se distinguer de tous ceux qui s'arrogent des titres auxquels ils n'ont pas droit. Cette usurpation de titres, si fréquente alors, soulève un problème plus général et plus grave : celui du recrutement des élites. Un italien, Primi Visconti, écrivait à l'époque : « Il y a à Paris plus de vingt mille gentilshommes qui n'ont pas un sou et qui subsistent pourtant par le jeu et par les femmes et qui vivent d'industrie. Aujourd'hui, ils vont à pied et le lendemain en carrosse. » Ce problème n'a pas été sans préoccuper Colbert; Molière y fait allusion ici, mais c'est Lesage, avec son *Turcaret*, qui l'abordera franchement, après que La Bruyère y aura consacré maintes pages de ses *Caractères*, notamment dans le chapitre des « Biens de fortune ».

L'évolution de la société n'a pas enlevé à Monsieur Jourdain son actualité : le Bourgeois préfigure en effet ceux qu'on a appelés au XXᵉ siècle les « nouveaux riches » et, en général, tous ceux qui, comblés d'argent par le hasard ou par des profits plus ou moins honnêtes, rêvent d'éblouir les autres par l'étalage d'un luxe auquel ni leur éducation ni leur goût ne les ont préparés. La folie des grandeurs s'empare d'eux, et ils ménagent à leurs enfants les beaux mariages qui leur permettront de porter des noms à particule. Ils sont même pires que Monsieur Jourdain : celui-ci fait effort pour s'instruire, regrette autant de ne pas avoir appris quand il était jeune que de ne pas avoir quatre quartiers de noblesse. Par-dessus tout, Monsieur Jourdain ne nous semble nullement « perdu »; on sent très bien que, gorgé de vanités, saturé de flatteries et de mondanités, il reviendra, comme un brave et honnête bourgeois qu'il n'a cessé d'être au fond, finir ses jours entre sa femme, sa fille, son gendre et ses petits-enfants.

LE COMIQUE

Infiniment plus importante nous paraît être la question du comique dans *le Bourgeois gentilhomme*. Utilisons, pour ne donner ici que des indications, le schéma suivant :

procédés	moyens mis en œuvre		sortes de comédies
GESTES	gifles, coups de bâton, etc. bataille, disputes, poursuites déguisements personnages cachés		
			FARCE
MOTS	calembours, mots déformés langages professionnels répétitions de termes		
SITUATION	quiproquos et malentendus de toutes sortes; poursuite vaine d'un objet ou d'un bien		COMÉDIE D'INTRIGUE
MŒURS ET CARACTÈRES	exagération dans la peinture des manières d'être	d'une époque d'un individu	GRANDE COMÉDIE

Ce schéma peut s'appliquer à toutes les œuvres comiques. Nous voulons seulement faire à son propos deux remarques :

1° Il n'y a aucune séparation (aucun trait horizontal) dans ce tableau, car le secret du comique est justement l'union étroite, intime et naturelle, de ces différentes sources de comique. Or, tout le secret de la vitalité immortelle du rire de Molière vient de ce qu'il a su, mieux que n'importe quel autre auteur comique, créer, nourrir et entretenir cette union;

2° Cette union, qui existe dans toutes les œuvres de Molière, et jusque dans *le Misanthrope* (par la scène du valet Du Bois), c'est dans *le Bourgeois gentilhomme* qu'elle est la plus constante, la plus spontanée, la plus réussie.

LE STYLE ET LA MUSIQUE

Mais ce comique doit s'exprimer par des mots, par un langage, ou mieux par des langages. Là encore, Molière triomphe, car aucun des personnages du *Bourgeois gentilhomme* ne parle la même langue. On peut insister sur la simplicité, la familiarité, la vivacité et la portée directe de ce style; on peut relever les répétitions, les négligences et les incorrections de cette langue parlée; on peut inversement mettre en lumière tout autant de procédés savants de style : inversions, anacoluthes, asyndètes, syllepses, traits de préciosité, etc. Ce qui est essentiel, c'est qu'ici, autant et mieux peut-être que dans ses autres œuvres, Molière fait parler à chacun de ses personnages le langage de sa condition et « de son âme ». Un exemple : il suffira de comparer le langage des maîtres, et même celui des deux plus étroitement unis, le maître à danser et le maître de musique; l'un est plus intéressé, l'autre plus précieux, et, dans le style de Molière, toutes ces nuances sont indiquées : il suffit d'écouter, comme il suffit de voir pour rire.

Pourtant, il faut dire un mot encore d'une particularité : la prose du *Bourgeois gentilhomme* abonde en vers sans rimes : vers de douze pieds, décasyllabes et octosyllabes. Certes, il s'en trouvait dans *l'Avare*, *le Sicilien* et surtout *Dom Juan*. Il s'en trouve davantage dans *le Bourgeois gentilhomme*, œuvre pourtant écrite rapidement. Jalons pour une versification future? Langage naturel de l'acteur qui entend les rôles qu'il écrit? Sens inné et besoin de l'harmonie et du rythme? Thèse plus originale et hardie : la force des sentiments et des passions impose tout naturellement un rythme, et c'est parler en vers qui est naturel et spontané? Nous nous contentons d'énoncer ici ces quelques théories.

Mais notons surtout combien ce langage s'allie à la musique des divertissements. Si les vers mirlitonesques et précieux des « agréments » nous semblent aujourd'hui presque une parodie bouffonne de la poésie, il reste le charme de la partition de Lully, auquel celui-ci a pris certainement plaisir, jouant lui-même le rôle du Muphti, avant la brouille regrettable qui devait un peu plus tard surgir entre les deux collaborateurs et amis.

Il faut donc rendre justice à Lully, et ne jamais admettre une représentation du *Bourgeois gentilhomme* sans la danse et la musique. On doit seulement envisager des coupures et des allégements, la durée admise de nos jours pour un spectacle ne permettant pas l'exécution intégrale — à laquelle Molière lui-même avait dû renoncer — d'une partition qui demeure l'une des plus typiques de Lully et l'une des plus probantes de son génie, de son instinct dramatique et de son sens de la vie. Rendre hommage au talent de celui qui devait devenir « escuyer, surintendant et compositeur de la musique de la chambre, maître de la musique de la famille royale », c'est encore rendre hommage à Molière, qui sut lui communiquer sa *vis comica* et partager l'élan de son inspiration.

LA PLACE DU « BOURGEOIS GENTILHOMME » DANS L'ŒUVRE DE MOLIÈRE

Certes, *le Bourgeois gentilhomme* n'est pas la meilleure pièce de Molière : son action commence au troisième acte, et elle manque d'unité; elle n'a ni la profondeur ni la résonance humaine des grands chefs-d'œuvre. Mais elle demeure l'une des plus vivantes et la plus complète sans doute de toutes ses œuvres. Pourquoi?

Donner la réponse à cette question, c'est dire en même temps ce qu'est le génie de Molière, et pourquoi il a persévéré dans le genre de la comédie-ballet.

Dès son enfance, Molière a les dons de l'acteur comique : art de l'observation, art de l'imitation. Il se fait acteur par amour sans doute, mais aussi par vocation. A vingt-deux ans, il prend tout naturellement la direction d'une troupe qu'il mène en province durant quatorze ans, avant de la « présenter » au roi, un soir d'octobre 1658. A dater de ce jour, il s'attachera à faire rire le peuple et les bourgeois, mais aussi à satisfaire la Cour et le roi. Alors, tout naturellement, après des essais sur canevas, des ébauches, après douze farces dont nous ne connaissons que deux, l'acteur et le directeur de troupe vont s'unir pour dicter à l'auteur son œuvre, cette œuvre qui va de *l'Etourdi* au *Malade imaginaire*. Dans cette production abondante et riche, *le Bourgeois gentilhomme* n'est pas seulement la dernière œuvre parfaitement comique, gaie et heureuse, elle est aussi une anthologie, où toutes les situations, tous les effets comiques, tous les traits d'observation et de langage se retrouvent, fusent et fusionnent pour l'amusement des jeunes, la détente heureuse des plus grands. Cette comédie n'est pas « achevée » au sens de « parfaite », tant s'en faut; mais elle fait rire; elle demeure, sans un essoufflement, sans une ride, au travers des siècles, parce qu'elle contient et résume tout Molière; elle est le chef-d'œuvre de la comédie-ballet.

PERSONNAGES

MONSIEUR JOURDAIN	bourgeois.
MADAME JOURDAIN	sa femme.
LUCILE	fille de M. Jourdain.
NICOLE	servante.
CLÉONTE	amoureux de Lucile.
COVIELLE	valet de Cléonte.
DORANTE	comte, amant de Dorimène.
DORIMÈNE	marquise.

MAITRE DE MUSIQUE

ÉLÈVE DU MAITRE DE MUSIQUE

MAITRE À DANSER

MAITRE D'ARMES

MAITRE DE PHILOSOPHIE

MAITRE TAILLEUR

GARÇON TAILLEUR

DEUX LAQUAIS

PLUSIEURS MUSICIENS, MUSICIENNES, JOUEURS D'INSTRUMENTS,
DANSEURS, CUISINIERS, GARÇONS TAILLEURS,
ET AUTRES PERSONNAGES DES INTERMÈDES ET DU BALLET.

La scène est à Paris[1].

La distribution à la première représentation était la suivante : *Monsieur Jourdain*, Molière; *Madame Jourdain*, Hubert; *Lucile*, Armande Béjart; *Nicole*, Mlle Beauval; *Cléonte*, La Grange; *Dorante*, La Thorillière; *Dorimène*, Mlle de Brie; *Maître d'armes*, de Brie.

---

1. Voir dans la Documentation thématique les indications données sur le décor et le costume de Monsieur Jourdain.

LE BOURGEOIS GENTILHOMME

ACTE PREMIER

*L'ouverture se fait par un grand assemblage d'instruments;
et dans le milieu du théâtre on voit un élève du maître de musique
qui compose sur une table un air que le Bourgeois a demandé
pour une sérénade[1].*

SCÈNE PREMIÈRE. — MAITRE DE MUSIQUE,
MAITRE À DANSER, TROIS MUSICIENS,
DEUX VIOLONS, QUATRE DANSEURS.

MAÎTRE DE MUSIQUE, *parlant à ses musiciens.* — Venez, entrez
dans cette salle, et vous reposez là, en attendant qu'il[2] vienne.

MAÎTRE À DANSER, *parlant aux danseurs.* — Et vous aussi,
de ce côté.

5   MAÎTRE DE MUSIQUE, *à l'élève.* — Est-ce fait?

L'ÉLÈVE. — Oui.

MAÎTRE DE MUSIQUE. — Voyons... Voilà qui est bien.

MAÎTRE À DANSER. — Est-ce quelque chose de nouveau?

MAÎTRE DE MUSIQUE. — Oui, c'est un air pour une sérénade
10 que je lui[3] ai fait composer ici, en attendant que notre homme
fût éveillé. (1)

MAÎTRE À DANSER. — Peut-on voir ce que c'est?

MAÎTRE DE MUSIQUE. — Vous l'allez entendre, avec le dialogue[4], quand il viendra. Il ne tardera guère.

---

1. Il y a une ouverture en musique sur l'air : « Je languis nuit et jour », qu'on
entendra à la scène II; **2.** *Il* : Monsieur Jourdain; **3.** *Lui* désigne l'élève que montre
le maître de musique; **4.** *Dialogue* : ici composition musicale pour deux ou plusieurs
voix ou instruments, qui se répondent alternativement.

━━━━ QUESTIONS ━━━━

1. A quel moment commence l'action? Peut-on prévoir combien de
temps elle durera?

15   MAÎTRE À DANSER. — Nos occupations, à vous et à moi, ne sont pas petites maintenant.

   MAÎTRE DE MUSIQUE. — Il est vrai. Nous avons trouvé ici un homme comme il nous le faut à tous deux. Ce nous est une douce rente[1] que ce monsieur Jourdain, avec les visions
20 de noblesse et de galanterie qu'il est allé se mettre en tête. Et votre danse et ma musique auraient à souhaiter que tout le monde lui ressemblât. **(2)**

   MAÎTRE À DANSER. — Non pas entièrement; et je voudrais pour lui qu'il se connût mieux qu'il ne fait aux choses que
25 nous lui donnons.

   MAÎTRE DE MUSIQUE. — Il est vrai qu'il les connaît mal, mais il les paye bien; et c'est de quoi maintenant nos arts ont plus besoin que de toute autre chose.

   MAÎTRE À DANSER. — Pour moi, je vous l'avoue, je me repais
30 un peu de gloire. Les applaudissements me touchent; et je tiens que, dans tous les beaux-arts, c'est un supplice assez fâcheux que de se produire à des sots, que d'essuyer sur des compositions la barbarie d'un stupide[2]. Il y a plaisir, ne m'en parlez point, à travailler pour des personnes qui soient capables
35 de sentir les délicatesses d'un art; qui sachent faire un doux accueil aux beautés d'un ouvrage et, par de chatouillantes approbations, vous régaler de votre travail. Oui, la récompense la plus agréable qu'on puisse recevoir des choses que l'on fait, c'est de les voir connues, de les voir caressées[3] d'un applau-
40 dissement qui vous honore. Il n'y a rien, à mon avis, qui nous paye mieux que cela de toutes nos fatigues; et ce sont des douceurs exquises que des louanges éclairées[4].

   MAÎTRE DE MUSIQUE. — J'en demeure d'accord, et je les goûte comme vous. Il n'y a rien assurément qui chatouille
45 davantage que les applaudissements que vous dites; mais cet encens ne fait pas vivre. Des louanges toutes pures ne mettent point un homme à son aise : il y faut mêler du solide; et la meilleure façon de louer, c'est de louer avec les mains[5]. C'est

---

1. Rente facile à gagner et bonne à prendre; **2.** Subir, à propos d'œuvres qu'on a composées, le manque de goût et l'ignorance de celui qui les a commandées; **3.** *Caressé :* flatté; **4.** On peut comprendre que Molière remercie par la bouche de son personnage les spectateurs éclairés qui l'applaudissent et le roi en premier lieu; **5.** En payant.

─────── QUESTIONS ───────

2. Comment se révèlent progressivement l'identité et le caractère du personnage principal? Que savez-vous déjà de lui?

un homme, à la vérité, dont les lumières sont petites, qui parle
50 à tort et à travers de toutes choses, et n'applaudit qu'à contre-
sens ; mais son argent redresse les jugements de son esprit.
Il a du discernement dans sa bourse. Ses louanges sont mon-
nayées ; et ce bourgeois ignorant nous vaut mieux, comme
vous voyez, que le grand seigneur éclairé (3) qui nous a
55 introduits ici. (4)

MAÎTRE À DANSER. — Il y a quelque chose de vrai dans ce
que vous dites ; mais je trouve que vous appuyez un peu trop
sur l'argent ; et l'intérêt est quelque chose de si bas qu'il ne
faut jamais qu'un honnête homme[1] montre pour lui de l'atta-
60 chement.

MAÎTRE DE MUSIQUE. — Vous recevez fort bien pourtant
l'argent que notre homme vous donne.

MAÎTRE À DANSER. — Assurément ; mais je n'en fais pas
tout mon bonheur, et je voudrais qu'avec son bien il eût encore
65 quelque bon goût des choses.

MAÎTRE DE MUSIQUE. — Je le voudrais aussi, et c'est à quoi
nous travaillons tous deux autant que nous pouvons. Mais,
en tout cas, il nous donne moyen de nous faire connaître
dans le monde ; et il payera pour les autres ce que les autres
70 loueront pour lui.

MAÎTRE À DANSER. — Le voilà qui vient. (5)

---

1. *Honnête homme* : homme cultivé et bien élevé.

─────── QUESTIONS ───────

3. Il s'agit de Dorante : pourquoi Molière est-il si pressé de présenter
ce personnage ?

4. Étudiez la composition symétrique des deux premières tirades :
comment chacun des deux maîtres conçoit-il le rôle de l'artiste dans la
société ?

5. SUR L'ENSEMBLE DE LA SCÈNE PREMIÈRE. — En quoi cette scène tend-
elle à l'exposition ? Quels éléments permettent de situer l'action et les
personnages ?

— La discussion entre le maître de musique et le maître à danser est-
elle une digression inutile ? Résumez leurs arguments ; cette discussion
garde-t-elle encore son actualité ? Les conditions de vie de l'artiste ont-
elles changé dans la société d'aujourd'hui ?

— Étudiez le langage des deux maîtres : en quoi révèle-t-il l'influence
de leur profession sur leur manière de vivre ? Leur caractère : ressemblances et différences.

Maître de musique. — Vous recevez fort bien pourtant l'argent que notre homme vous donne.
Maître à danser. — Assurément, mais je n'en fais pas tout mon bonheur. (Page 27.)

« LE BOURGEOIS GENTILHOMM[

« La jambe droite. La, la, la. » (Page 38.)

« En garde, monsieur, en garde! » (Page 39.)

LA COMÉDIE-FRANÇAISE

Monsieur Jourdain. — Mon Dieu, arrêtez-vous. (Page 41.)

Scène II. — MONSIEUR JOURDAIN,
en robe de chambre et bonnet de nuit,
DEUX LAQUAIS, MAITRE DE MUSIQUE,
MAITRE À DANSER, VIOLONS,
MUSICIENS ET DANSEURS.

MONSIEUR JOURDAIN. — Hé bien, messieurs? Qu'est-ce? Me ferez-vous voir votre petite drôlerie?

MAÎTRE À DANSER. — Comment? Quelle petite drôlerie? (6)

MONSIEUR JOURDAIN. — Eh! là... Comment appelez-vous
5 cela? Votre prologue, ou dialogue de chansons et de danse.

MAÎTRE À DANSER. — Ah! ah!

MAÎTRE DE MUSIQUE. — Vous nous y voyez préparés.

MONSIEUR JOURDAIN. — Je vous ai fait un peu attendre, mais c'est que je me fais habiller aujourd'hui comme les gens
10 de qualité[1], et mon tailleur m'a envoyé des bas de soie[2] que j'ai pensé ne mettre jamais.

MAÎTRE DE MUSIQUE. — Nous ne sommes ici que pour attendre votre loisir[3].

MONSIEUR JOURDAIN. — Je vous prie tous deux de ne vous
15 point en aller qu'on ne m'ait apporté[4] mon habit, afin que vous me puissiez voir.

MAÎTRE À DANSER. — Tout ce qu'il vous plaira.

MONSIEUR JOURDAIN. — Vous me verrez équipé[5] comme il faut, depuis les pieds jusqu'à la tête.

20 MAÎTRE DE MUSIQUE. — Nous n'en doutons point.

MONSIEUR JOURDAIN. — Je me suis fait faire cette indienne-ci[6].

MAÎTRE À DANSER. — Elle est fort belle.

---

1. *Gens de qualité :* personnes de noble condition. Les gens de qualité, dont Monsieur Jourdain ne cessera de se réclamer, s'habillaient de vêtements de couleur tandis que les bourgeois étaient vêtus de sombre (gris ou noir); 2. Grand luxe pour l'époque; il en est de même de la robe de chambre que Monsieur Jourdain fait admirer quelques instants plus tard; 3. Le moment où vous serez libre; 4. Avant qu'on ne m'ait apporté; 5. *Equipé :* habillé; 6. *Indienne :* étoffe exotique (venant des Indes) de grand prix.

━━━━━━━━ **QUESTIONS** ━━━━━━━━

6. L'entrée de Monsieur Jourdain. Importance du mot *drôlerie :* quelle indication donne-t-il immédiatement non seulement sur la culture, mais aussi sur le caractère de Monsieur Jourdain?

MONSIEUR JOURDAIN. — Mon tailleur m'a dit que les gens de qualité étaient comme cela le matin.

25 MAÎTRE DE MUSIQUE. — Cela vous sied à merveille.

MONSIEUR JOURDAIN. — Laquais, holà! mes deux laquais.

PREMIER LAQUAIS. — Que voulez-vous, monsieur?

MONSIEUR JOURDAIN. — Rien. C'est pour voir si vous m'entendez bien. (Aux deux maîtres.) Que dites-vous de mes livrées[1]?

30 MAÎTRE À DANSER. — Elles sont magnifiques.

MONSIEUR JOURDAIN. — (Il entrouvre sa robe et fait voir un haut-de-chausses[2] étroit de velours rouge, et une camisole de velours vert, dont il est vêtu.) Voici encore un petit déshabillé pour faire le matin mes exercices[3].

35 MAÎTRE DE MUSIQUE. — Il est galant[4].

MONSIEUR JOURDAIN. — Laquais!

PREMIER LAQUAIS. — Monsieur?

MONSIEUR JOURDAIN. — L'autre laquais!

SECOND LAQUAIS. — Monsieur?

40 MONSIEUR JOURDAIN, ôtant sa robe de chambre. — Tenez ma robe. (Aux deux maîtres.) Me trouvez-vous bien comme cela?

MAÎTRE À DANSER. — Fort bien. On ne peut pas mieux. (7)

MONSIEUR JOURDAIN. — Voyons un peu votre affaire[5].

MAÎTRE DE MUSIQUE. — Je voudrais bien auparavant vous
45 faire entendre un air (montrant son élève) qu'il vient de composer pour la sérénade que vous m'avez demandée. C'est un de mes écoliers qui a pour ces sortes de choses un talent admirable.

MONSIEUR JOURDAIN. — Oui, mais il ne fallait pas faire faire

---

1. *Livrées* : habits de couleur dont on habille les laquais. Tout le personnel d'une même maison portait la même livrée, à laquelle on le reconnaissait; sur ce point aussi, Monsieur Jourdain veut adopter les habitudes de la noblesse; 2. *Haut-de-chausses* : culotte; 3. Allusion à la venue prochaine du maître d'armes; 4. *Galant* : élégant; 5. *Affaire* : terme moins désobligeant que *drôlerie*, mais encore très maladroit.

━━━━━ QUESTIONS ━━━━━

7. Les effets comiques dans ce début de scène : de quoi Monsieur Jourdain est-il surtout fier? Sur quel ton les deux maîtres se prêtent-ils aux vanités du Bourgeois? Quel est leur sentiment profond?

50 cela par un écolier[1]; et vous n'étiez pas trop bon vous-même pour cette besogne-là. **(8)**

MAÎTRE DE MUSIQUE. — Il ne faut pas, monsieur, que le nom d'écolier vous abuse. Ces sortes d'écoliers en savent autant que les plus grands maîtres, et l'air est aussi beau qu'il s'en
55 puisse faire. Écoutez seulement.

MONSIEUR JOURDAIN[2], *à ses laquais.* — Donnez-moi ma robe pour mieux entendre... Attendez, je crois que je serai mieux sans robe... Non, redonnez-la moi, cela ira mieux. **(9)**

MUSICIEN *chantant.*

Je languis nuit et jour, et mon mal est extrême,
60   Depuis qu'à vos rigueurs vos beaux yeux m'ont soumis :
  Si vous traitez ainsi, belle Iris, qui vous aime,
  Hélas! que pourriez-vous faire à vos ennemis?

MONSIEUR JOURDAIN. — Cette chanson me semble un peu lugubre, elle endort, et je voudrais que vous la pussiez un peu
65 regaillardir par-ci par-là.

MAÎTRE DE MUSIQUE. — Il faut, monsieur, que l'air soit accommodé aux paroles[3].

MONSIEUR JOURDAIN. — On m'en apprit un tout à fait joli, il y a quelque temps. Attendez... Là... Comment est-ce qu'il dit?

70 MAÎTRE À DANSER. — Par ma foi, je ne sais.

MONSIEUR JOURDAIN. — Il y a du mouton dedans.

MAÎTRE À DANSER. — Du mouton?

MONSIEUR JOURDAIN. — Oui. Ah! *(M. Jourdain chante.)*

  Je croyais Jeanneton
75   Aussi douce que belle;
  Je croyais Jeanneton
  Plus douce qu'un mouton.

---

1. *Écolier* est pris par le maître de musique au sens d'« élève »; mais Monsieur Jourdain comprend qu'il s'agit d'un « apprenti »; 2. Avant la réplique, et à chaque série de points de suspension, le musicien commence à chanter : *Je languis...*, mais il est interrompu par Monsieur Jourdain; 3. Opposée aux Italiens qui n'ont d'oreille que pour l'air, l'école française de musique attache quelque importance aux paroles; c'est le début d'une querelle qui n'est pas près de s'éteindre.

————— QUESTIONS —————

8. Est-ce seulement l'ignorance de Monsieur Jourdain qui transparaît ici? Quel autre trait, lié à sa condition, se révèle ici?
9. A quel genre de comique est-il fait appel ici?

Hélas! Hélas!
Elle est cent fois, mille fois plus cruelle
80   Que n'est le tigre aux bois. **(10)**

N'est-il pas joli?

MAÎTRE DE MUSIQUE. — Le plus joli du monde.

MAÎTRE À DANSER. — Et vous le chantez bien[1].

MONSIEUR JOURDAIN. — C'est sans avoir appris la musique[2].

85 MAÎTRE DE MUSIQUE. — Vous devriez l'apprendre, monsieur, comme vous faites la danse. Ce sont deux arts qui ont une étroite liaison ensemble.

MAÎTRE À DANSER. — Et qui ouvrent l'esprit d'un homme aux belles choses.

90 MONSIEUR JOURDAIN. — Est-ce que les gens de qualité apprennent aussi la musique?

MAÎTRE DE MUSIQUE. — Oui, monsieur.

MONSIEUR JOURDAIN. — Je l'apprendrai donc. Mais je ne sais quel temps je pourrai prendre : car, outre le maître d'armes 95 qui me montre, j'ai arrêté encore un maître de philosophie qui doit commencer ce matin.

MAÎTRE DE MUSIQUE. — La philosophie est quelque chose; mais la musique, monsieur, la musique...

MAÎTRE À DANSER. — La musique et la danse... La musique 100 et la danse, c'est là tout ce qu'il faut.

MAÎTRE DE MUSIQUE. — Il n'y a rien qui soit si utile dans un État que la musique[3].

---

1. Flatterie évidente, car il faut, bien entendu, que Monsieur Jourdain chante ses couplets d'une manière ridicule, avec une voix de fausset; **2.** Dans *les Précieuses ridicules* (scène IX), Mascarille dit déjà : « Les gens de qualité savent tout sans avoir jamais rien appris »; **3.** Idée qui se trouve déjà dans *la République* de Platon (livre IV) et que l'humanisme de la Renaissance avait remis à la mode.

--- **QUESTIONS** ---

10. Alceste dans *le Misanthrope* (I, II) préfère lui aussi la chanson populaire à l'art savant, le naturel à l'affectation. Comparez ces deux passages : l'effet est-il le même? Alceste est-il ridicule comme Monsieur Jourdain? Que peut-on conclure de cette comparaison sur l'opinion personnelle de Molière? Le personnage ridicule émet-il forcément sur toutes choses des points de vue ridicules?

MAÎTRE À DANSER. — Il n'y a rien qui soit si nécessaire aux hommes que la danse[1].

105 MAÎTRE DE MUSIQUE. — Sans la musique, un État ne peut subsister.

MAÎTRE À DANSER. — Sans la danse, un homme ne saurait rien faire.

MAÎTRE DE MUSIQUE. — Tous les désordres, toutes les guerres 110 qu'on voit dans le monde n'arrivent que pour n'apprendre pas la musique.

MAÎTRE À DANSER. — Tous les malheurs des hommes, tous les revers funestes dont les histoires sont remplies, les bévues des politiques et les manquements des grands capitaines, tout 115 cela n'est venu que faute de savoir danser.

MONSIEUR JOURDAIN. — Comment cela?

MAÎTRE DE MUSIQUE. — La guerre ne vient-elle pas d'un manque d'union entre les hommes?

MONSIEUR JOURDAIN. — Cela est vrai.

120 MAÎTRE DE MUSIQUE. — Et, si tous les hommes apprenaient la musique, ne serait-ce pas le moyen de s'accorder ensemble, et de voir dans le monde la paix universelle?

MONSIEUR JOURDAIN. — Vous avez raison. **(11)**

MAÎTRE À DANSER. — Lorsqu'un homme a commis un man- 125 quement dans sa conduite, soit aux affaires de sa famille, ou au gouvernement d'un État, ou au commandement d'une armée, ne dit-on pas toujours : « Un tel a fait un mauvais pas dans une telle affaire »?

MONSIEUR JOURDAIN. — Oui, on dit cela.

---

1. La question est d'actualité puisque l'établissement des « académies d'opéra » date de juin 1669; mais, dès 1661, on lisait dans les lettres patentes qui établissaient l'Académie de danse : « L'art de la danse a toujours été reconnu l'un des plus honnêtes et des plus nécessaires à former le corps et à lui donner les premières et les plus naturelles dispositions à toutes sortes d'exercices, et entre autres à ceux des armes, et par conséquent l'un des plus utiles à notre noblesse. »

──────── **QUESTIONS** ────────

11. Comment est composé ce dialogue sur l'utilité de la musique et de la danse? Les deux maîtres croient-ils sincèrement aux arguments qu'ils avancent? A travers leurs exagérations, quelles idées intéressantes se dégagent sur le rôle moral et social de leur art? — Le rôle du maître à danser dans la discussion : montrez qu'il est moins égoïste que son camarade. — L'attitude de Monsieur Jourdain; est-il sensible à l'idéal de ses interlocuteurs? Pourquoi approuve-t-il toujours?

130 MAÎTRE À DANSER. — Et faire un mauvais pas **(12)** peut-il procéder d'autre chose que de ne savoir pas danser?

MONSIEUR JOURDAIN. — Cela est vrai, et vous avez raison tous deux.

MAÎTRE À DANSER. — C'est pour vous faire voir l'excellence
135 et l'utilité de la danse et de la musique.

MONSIEUR JOURDAIN. — Je comprends cela, à cette heure.

MAÎTRE DE MUSIQUE. — Voulez-vous voir nos deux affaires?

MONSIEUR JOURDAIN. — Oui.

MAÎTRE DE MUSIQUE. — Je vous l'ai déjà dit, c'est un petit
140 essai que j'ai fait autrefois des diverses passions que peut exprimer la musique.

MONSIEUR JOURDAIN. — Fort bien.

MAÎTRE DE MUSIQUE, *aux musiciens.* — Allons, avancez. *(A M. Jourdain.)* Il faut vous figurer qu'ils sont habillés en
145 bergers.

MONSIEUR JOURDAIN. — Pourquoi toujours des bergers[1]? On ne voit que cela partout.

MAÎTRE À DANSER. — Lorsqu'on a des personnes à faire parler en musique, il faut bien que pour la vraisemblance
150 on donne dans la bergerie. Le chant a été de tout temps affecté aux bergers; et il n'est guère naturel en dialogue que des princes ou des bourgeois chantent leurs passions. **(13)**

MONSIEUR JOURDAIN. — Passe, passe. Voyons.

DIALOGUE EN MUSIQUE
UNE MUSICIENNE ET DEUX MUSICIENS

MUSICIENNE

Un cœur, dans l'amoureux empire,
155 De mille soins[2] est toujours agité :
On dit qu'avec plaisir on languit, on soupire;
Mais quoi qu'on puisse dire,
Il n'est rien de si doux que notre liberté.

---

1. Dans *le Malade imaginaire* (a. II, s. v), Molière reprendra la même question;
2. *Soins :* soucis.

--- ■ QUESTIONS ■ ---

12. Expliquez le jeu de mot sur le sens de « mauvais pas ».
13. Molière est-il d'accord sur la pastorale avec Monsieur Jourdain ou avec le maître à danser? Expliquez avec précision la réplique du maître à danser.

PREMIER MUSICIEN

Il n'est rien de si doux que les tendres ardeurs
Qui font vivre deux cœurs
Dans une même envie :
On ne peut être heureux sans amoureux désirs;
Otez l'amour de la vie,
Vous en ôtez les plaisirs.

160

SECOND MUSICIEN

Il serait doux d'entrer sous l'amoureuse loi,
Si l'on trouvait en amour de la foi,
Mais, hélas! ô rigueur cruelle!
On ne voit point de bergère fidèle;
Et ce sexe inconstant trop indigne du jour,
Doit faire pour jamais renoncer à l'amour.

165

170

PREMIER MUSICIEN

Aimable ardeur;

MUSICIENNE

Franchise[1] heureuse!

SECOND MUSICIEN

Sexe trompeur!

PREMIER MUSICIEN

Que tu m'es précieuse!

MUSICIENNE

Que tu plais à mon cœur!

175

SECOND MUSICIEN

Que tu me fais d'horreur!

PREMIER MUSICIEN

Ah! quitte, pour aimer,
Cette haine mortelle!

MUSICIENNE

On peut, on peut te montrer
Une bergère fidèle.

180

SECOND MUSICIEN

Hélas! où la rencontrer?

---

1. *Franchise* : liberté.

MUSICIENNE

Pour défendre notre gloire,
Je te veux offrir mon cœur.

SECOND MUSICIEN

Mais bergère, puis-je croire
185   Qu'il ne sera point trompeur?

MUSICIENNE

Voyons par expérience
Qui des deux aimera mieux.

SECOND MUSICIEN

Qui manquera de constance,
Le puissent perdre les dieux!

TOUS TROIS ENSEMBLE

190   A des ardeurs si belles
Laissons-nous enflammer;
Ah! qu'il est doux d'aimer,
Quand deux cœurs sont fidèles.

MONSIEUR JOURDAIN[1]. — Est-ce tout?

195 MAÎTRE DE MUSIQUE. — Oui.

MONSIEUR JOURDAIN. — Je trouve cela bien troussé; et il y a là-dedans de petits dictons assez jolis. **(14)**

MAÎTRE À DANSER. — Voici, pour mon affaire, un petit essai des plus beaux mouvements et des plus belles attitudes dont
200 une danse puisse être variée.

MONSIEUR JOURDAIN. — Sont-ce encore des bergers?

MAÎTRE À DANSER. — C'est ce qu'il vous plaira. *(Aux danseurs.)* Allons. **(15)**

---

1. Monsieur Jourdain applaudit : voyant qu'il est seul à le faire, intimidé, il s'arrête et se demande s'il n'a pas commis une bévue.

--- **QUESTIONS** ---

14. Relevez quelques-uns de ces *dictons*. (Le mot signifie ici « formule remarquable », « mots plaisants ».)

15. SUR L'ENSEMBLE DE LA SCÈNE II. — Le comique dans cette scène : par quels moyens Molière rend-il Monsieur Jourdain ridicule? Son vêtement, son caractère, son langage.
— L'attitude des deux maîtres en face de Monsieur Jourdain : comment s'y prennent-ils pour se moquer de lui sans qu'il s'en aperçoive?

ENTRÉE DE BALLET

(Quatre danseurs exécutent tous les mouvements différents et toutes les sortes de pas[1] que le maître à danser leur commande; et cette danse fait le premier intermède.) **(16)**

ACTE II

Scène première. — MONSIEUR JOURDAIN, MAITRE DE MUSIQUE, MAITRE À DANSER, LAQUAIS.

MONSIEUR JOURDAIN. — Voilà qui n'est point sot, et ces gens-là se trémoussent[2] bien.

MAÎTRE DE MUSIQUE. — Lorsque la danse sera mêlée avec la musique, cela fera plus d'effet encore, et vous verrez quelque
5 chose de galant[3] dans le petit ballet que nous avons ajusté[4] pour vous.

MONSIEUR JOURDAIN. — C'est pour tantôt au moins; et la personne pour qui j'ai fait faire tout cela me doit faire l'honneur de venir dîner céans[5].

10 MAÎTRE À DANSER. — Tout est prêt.

MAÎTRE DE MUSIQUE. — Au reste, monsieur, ce n'est pas assez, il faut qu'une personne comme vous, qui êtes magnifique[6] et qui avez de l'inclination pour les belles choses, ait un concert de musique chez soi tous les mercredis, ou tous
15 les jeudis.

MONSIEUR JOURDAIN. — Est-ce que les gens de qualité en ont?

---

1. Les danses lentes et rapides alternent selon le principe de la « suite ». On entend entre chacun des pas le maître de danse commander : « Allons, Messieurs, gravement — Messieurs, plus vite — Gravement ce mouvement de sarabande — Pressez bien cette bourrée », etc.; 2. *Se trémousser* : s'agiter d'un mouvement vif et saccadé; encore un terme maladroit qui révèle la vulgarité de Monsieur Jourdain; 3. *Galant* : voir page 29, note 4; 4. *Ajuster* : préparer, arranger; 5. *Céans* : ici, à la maison; 6. *Magnifique* : qui fait des dépenses somptueuses.

--- **QUESTIONS** ---

16. SUR L'ENSEMBLE DE L'ACTE PREMIER. — L'intrigue a-t-elle été nouée? Recherchez les indications qui permettent de prévoir certaines scènes dans la suite : sont-elles suffisantes pour intéresser le spectateur à l'action? Quel plaisir a-t-on pris alors à ce premier acte?

— Le personnage de Monsieur Jourdain : comment est-il déjà fortement dessiné? Est-il antipathique?

MAÎTRE DE MUSIQUE. — Oui, monsieur.

MONSIEUR JOURDAIN. — J'en aurai donc. Cela sera-t-il beau ?

MAÎTRE DE MUSIQUE. — Sans doute. Il vous faudra trois
20 voix, un dessus, une haute-contre et une basse, qui seront
accompagnées d'une basse de viole, d'un téorbe et d'un clavecin pour les basses continues, avec deux dessus de violon
pour jouer les ritournelles[1].

MONSIEUR JOURDAIN. — Il y faudra mettre aussi une trom-
25 pette marine[2]. La trompette marine est un instrument qui me
plaît, et qui est harmonieux.

MAÎTRE DE MUSIQUE. — Laissez-nous gouverner les choses.

MONSIEUR JOURDAIN. — Au moins, n'oubliez pas tantôt de
m'envoyer des musiciens pour chanter à table.

30 MAÎTRE DE MUSIQUE. — Vous aurez tout ce qu'il vous faut.

MONSIEUR JOURDAIN. — Mais surtout que le ballet soit beau.

MAÎTRE DE MUSIQUE. — Vous en serez content, et, entre
autres choses, de certains menuets[3] que vous y verrez. **(1)**

MONSIEUR JOURDAIN. — Ah ! les menuets sont ma danse,
35 et je veux que vous me les voyiez danser. Allons, mon maître.

MAÎTRE À DANSER[4]. — Un chapeau, monsieur, s'il vous plaît.
*(M. Jourdain va prendre le chapeau de son laquais et le met
par-dessus son bonnet de nuit. Son maître lui prend les mains
et le fait danser sur un air de menuet qu'il chante.)* La, la, la ;
40 — La, la, la, la, la, la ; — La, la, la, *bis ;* — La, la, la ; — La, la.

---

1. Suite de termes techniques, que Molière a pu apprendre de Lully et que l'on peut
transcrire ainsi : un *dessus*, un ténor ; une *haute-contre*, un soprano ; *basse de
viole*, grand violon à sept cordes et à archet ; *téorbe*, sorte de luth à six cordes doubles
que l'on pinçait, plus la chanterelle ; *clavecin*, instrument à clavier, ancêtre du piano ;
basses continues, accompagnement d'arpèges et d'accords qui soutiennent le chant ;
dessus de violon, violon au timbre le plus aigu ; *ritournelle*, prélude et intermède des
instruments entre les couplets chantés ; 2. *Trompette marine :* sorte de mandoline
triangulaire monocorde, au son assez rude, fort à la mode au xviiᵉ siècle, et même
au xviiiᵉ (voir Lesage, *Turcaret*, IV, v) ; 3. Le *menuet*, d'origine populaire très ancienne
(Poitou) était ainsi appelé parce qu'on le dansait à petits pas ; Pécour, maître à
danser de Louis XIV, contribua à mettre cette danse à la mode ; il y a donc là un
trait d'actualité ; 4. Des danseurs célèbres (Vestris au xviiiᵉ siècle, Faure au xixᵉ)
ont tenu à jouer ce rôle ; l'air de Lully pouvant être allongé par des reprises, la
tirade a été elle-même développée. Voir dans la Documentation thématique le
texte de Faure, souvent utilisé encore aujourd'hui.

■ QUESTIONS ■

1. Appréciez l'habileté du maître de musique dans ce début de scène ;
comment se confirment certains traits de son caractère qu'avait révélés
le premier acte ? — L'élégance avec laquelle il cède la place au maître à
danser : pourquoi l'union de ces deux maîtres est-elle si étroite ?

En cadence, s'il vous plaît. La, la, la, la. La jambe droite.
La, la, la. Ne remuez point tant les épaules. La, la, la, la, la;
— La, la, la, la, la. Vos deux bras sont estropiés. La, la, la,
la, la. Haussez la tête. Tournez la pointe du pied en dehors.
45 La, la, la. Dressez votre corps.

MONSIEUR JOURDAIN. — Euh? (2)

MAÎTRE DE MUSIQUE. — Voilà qui est le mieux du monde.

MONSIEUR JOURDAIN. — A propos. Apprenez-moi comme
il faut faire une révérence pour saluer une marquise; j'en
50 aurai besoin tantôt[1].

MAÎTRE À DANSER. — Une révérence pour saluer une marquise?

MONSIEUR JOURDAIN. — Oui, une marquise qui s'appelle
Dorimène. (3)

MAÎTRE À DANSER. — Donnez-moi la main.

55 MONSIEUR JOURDAIN. — Non. Vous n'avez qu'à faire, je le
retiendrai bien.

MAÎTRE À DANSER. — Si vous voulez la saluer avec beaucoup
de respect, il faut faire d'abord une révérence en arrière, puis
marcher vers elle avec trois révérences en avant, et à la dernière
60 vous baisser jusqu'à ses genoux.

MONSIEUR JOURDAIN. — Faites un peu. *(Après que le maître
à danser a fait trois révérences.)* Bon!

LE LAQUAIS. — Monsieur, voilà votre maître d'armes qui est là.

MONSIEUR JOURDAIN. — Dis-lui qu'il entre ici pour me donner
65 leçon. *(Au maître de musique et au maître à danser.)* Je veux
que vous me voyiez faire. (4) (5)

---

1. Monsieur Jourdain pense déjà à la visite de Dorimène; il semble croire que la
révérence réservée aux marquises est différente des révérences de cour ordinaires.
Le *A propos* du début de la réplique se justifie fort bien, la danse finissant sur une
révérence, chapeau à la main.

───── ■ QUESTIONS ─────

2. Comment interpréter ce *Euh?*
3. Comment les deux dernières répliques de Monsieur Jourdain sont-
elles habilement utilisées pour la conduite de l'action et pour la connais-
sance du caractère de Monsieur Jourdain?
4. Étudiez les trois dernières répliques de Monsieur Jourdain : quels
effets comiques contiennent-elles?
5. SUR L'ENSEMBLE DE LA SCÈNE PREMIÈRE. — Comment se fait la liaison
entre l'acte premier et l'acte II? En quoi cette scène prolonge-t-elle les
scènes précédentes?
— Monsieur Jourdain et les beaux-arts : comment se précise le motif
qui lui donne surtout envie de savoir danser et d'avoir chez lui un orchestre?

Scène II. — MAITRE D'ARMES,
MAITRE DE MUSIQUE, MAITRE À DANSER,
MONSIEUR JOURDAIN,
UN LAQUAIS, *tenant deux fleurets.*

MAÎTRE D'ARMES, *après avoir pris les deux fleurets de la main du laquais et en avoir présenté un à M. Jourdain.* — Allons, monsieur, la révérence[1]. Votre corps droit. Un peu penché sur la cuisse gauche. Les jambes point tant écartées. Vos pieds sur une même ligne. Votre poignet à l'opposite[2] de votre
5 hanche. La pointe de votre épée vis-à-vis de votre épaule. Le bras pas tout à fait si étendu. La main gauche à la hauteur de l'œil. L'épaule gauche plus quartée[3]. La tête droite. Le regard assuré. Avancez. Le corps ferme. Touchez-moi, l'épée de quarte[4], et achevez de même. Une, deux. Remettez-vous.
10 Redoublez de pied ferme. Une, deux. Un saut en arrière. Quand vous portez la botte[5], monsieur, il faut que l'épée parte la première, et que le corps soit bien effacé. Une, deux. Allons, touchez-moi, l'épée de tierce, et achevez de même. Avancez. Le corps ferme. Avancez. Partez de là. Une, deux. Remettez-
15 vous. Redoublez. Une, deux. Un saut en arrière. En garde, monsieur, en garde! **(6)**

(Le maître d'armes lui pousse deux ou trois bottes en lui disant : « En garde! »)

MONSIEUR JOURDAIN. — Euh? **(7)**

MAÎTRE DE MUSIQUE. — Vous faites des merveilles. **(8)**

MAÎTRE D'ARMES. — Je vous l'ai déjà dit; tout le secret des
20 armes ne consiste qu'en deux choses : à donner et à ne point recevoir; et, comme je vous fis voir l'autre jour par raison

---

1. C'est-à-dire le « salut des armes »; 2. *A l'opposite* : vis-à-vis de; 3. *Quarter* : tourner l'épaule à gauche, pour porter une botte de quarte; 4. La *quarte* et, plus loin, la *tierce* désignent, dans la technique de l'escrime, deux façons d'attaquer, différentes selon la position de la main sur le fleuret et selon la ligne de tir; 5. *Porter la botte* : porter un coup avec le fleuret.

——— QUESTIONS ———

6. Le langage professionnel du maître d'armes : quels en sont les caractères?

7. Comparez ce *Euh* à celui qui suivait la leçon de danse (p. 38); sa signification.

8. Pourquoi les compliments qui sont décernés à Monsieur Jourdain ne le sont-ils jamais par le spécialiste? Cherchez dans la scène II du premier acte des effets du même genre.

démonstrative[1], il est impossible que vous receviez, si vous savez détourner l'épée de votre ennemi de la ligne de votre corps; ce qui ne dépend seulement que d'un petit mouvement
25 de poignet, ou en dedans ou en dehors.

MONSIEUR JOURDAIN. — De cette façon donc, un homme, sans avoir du cœur[2], est sûr de tuer son homme et de n'être point tué?

MAÎTRE D'ARMES. — Sans doute. N'en vîtes-vous pas la
30 démonstration?

MONSIEUR JOURDAIN. — Oui.

MAÎTRE D'ARMES. — Et c'est en quoi l'on voit de quelle considération, nous autres, nous devons être dans un État[3], et combien la science des armes l'emporte hautement sur
35 toutes les autres sciences inutiles, comme la danse, la musique, la... **(9)**

MAÎTRE À DANSER. — Tout beau[4], monsieur le tireur d'armes. Ne parlez de la danse qu'avec respect.

MAÎTRE DE MUSIQUE. — Apprenez, je vous prie, à mieux
40 traiter l'excellence de la musique.

MAÎTRE D'ARMES. — Vous êtes de plaisantes gens, de vouloir comparer vos sciences à la mienne!

MAÎTRE À DANSER. — Voyez un peu l'homme d'importance!

MAÎTRE DE MUSIQUE. — Voilà un plaisant animal avec son
45 plastron!

MAÎTRE D'ARMES. — Mon petit maître à danser, je vous ferais danser comme il faut. Et vous, mon petit musicien, je vous ferais chanter de la belle manière.

MAÎTRE À DANSER. — Monsieur le batteur de fer, je vous
50 apprendrai votre métier.

---

1. *Raison démonstrative* : terme de rhétorique assez inattendu de la part d'un maître d'armes; Monsieur Jourdain s'en souvient (voir page 41, ligne 54 et page 63, ligne 118); 2. *Cœur* : courage; 3. En 1656, des lettres patentes du roi avaient accordé, aux six plus anciens maîtres d'armes de Paris, la noblesse transmissible à leurs descendants; 4. *Tout beau* : expression pour arrêter ou imposer silence; elle appartient au langage noble.

QUESTIONS

9. Que pensez-vous du profit que Monsieur Jourdain veut tirer de la pratique des armes. Comparez le maître d'armes à ses deux confrères : ressemblances et différences.

MONSIEUR JOURDAIN[1], *au maître à danser.* — Êtes-vous fou de l'aller quereller, lui qui entend la tierce et la quarte, et qui sait tuer un homme par raison démonstrative?

MAÎTRE À DANSER. — Je me moque de sa raison démons-
55 trative, et de sa tierce, et de sa quarte.

MONSIEUR JOURDAIN, *au maître à danser.* — Tout doux, vous dis-je.

MAÎTRE D'ARMES, *au maître à danser.* — Comment? petit impertinent!

60 MONSIEUR JOURDAIN. — Eh! mon maître d'armes.

MAÎTRE À DANSER, *au maître d'armes.* — Comment? grand cheval de carrosse[2]!

MONSIEUR JOURDAIN. — Eh! mon maître à danser.

MAÎTRE D'ARMES. — Si je me jette sur vous...

65 MONSIEUR JOURDAIN, *au maître d'armes.* — Doucement.

MAÎTRE À DANSER. — Si je mets sur vous la main...

MONSIEUR JOURDAIN, *au maître à danser.* — Tout beau.

MAÎTRE D'ARMES. — Je vous étrillerai d'un air...

MONSIEUR JOURDAIN, *au maître d'armes.* — De grâce...

70 MAÎTRE À DANSER. — Je vous rosserai d'une manière...

MONSIEUR JOURDAIN, *au maître à danser.* — Je vous prie...

MAÎTRE DE MUSIQUE. — Laissez-nous un peu lui apprendre à parler.

MONSIEUR JOURDAIN, *au maître de musique.* — Mon Dieu,
75 arrêtez-vous. **(10) (11)**

---

1. De nos jours, la tradition de la Comédie-Française est de reprendre ici et jusqu'à la fin de la dispute l'air du menuet pour accompagner la querelle, de même dans la scène suivante. Cela crée un plaisant effet de contraste; 2. Brutal et stupide comme un cheval de trait; rappelons que de Brie, créateur du rôle, était de taille imposante.

QUESTIONS

10. Le développement de la querelle : son point de départ, sa progression : sur quels procédés comiques est fondée l'alternance des répliques? Le rôle de Monsieur Jourdain dans la dispute.

11. SUR L'ENSEMBLE DE LA SCÈNE II. — Est-ce seulement une scène divertissante? Quelle moralité s'en dégage?

Scène III. — MAITRE DE PHILOSOPHIE, MAITRE DE MUSIQUE, MAITRE À DANSER, MAITRE D'ARMES, MONSIEUR JOURDAIN, LAQUAIS.

MONSIEUR JOURDAIN. — Holà! monsieur le philosophe, vous arrivez tout à propos avec votre philosophie. Venez un peu mettre la paix entre ces personnes-ci. **(12)**

MAÎTRE DE PHILOSOPHIE. — Qu'est-ce donc? Qu'y a-t-il,
5 messieurs?

MONSIEUR JOURDAIN. — Ils se sont mis en colère pour la préférence[1] de leurs professions, jusqu'à se dire des injures et vouloir en venir aux mains.

MAÎTRE DE PHILOSOPHIE. — Hé quoi! messieurs, faut-il s'em-
10 porter de la sorte? et n'avez-vous point lu le docte traité que Sénèque[2] a composé de la colère? Y a-t-il rien de plus bas et de plus honteux que cette passion, qui fait d'un homme une bête féroce? Et la raison ne doit-elle pas être maîtresse de tous nos mouvements?

15 MAÎTRE À DANSER. — Comment! Monsieur, il vient nous dire des injures à tous deux, en méprisant la danse, que j'exerce, et la musique, dont il fait profession.

MAÎTRE DE PHILOSOPHIE. — Un homme sage est au-dessus de toutes les injures qu'on lui peut dire; et la grande réponse
20 qu'on doit faire aux outrages, c'est la modération et la patience.

MAÎTRE D'ARMES. — Ils ont tous deux l'audace de vouloir comparer leurs professions à la mienne.

MAÎTRE DE PHILOSOPHIE. — Faut-il que cela vous émeuve? Ce n'est pas de vaine gloire et de condition[3] que les hommes
25 doivent disputer[4] entre eux; et ce qui nous distingue parfaitement les uns des autres, c'est la sagesse et la vertu.

MAÎTRE À DANSER. — Je lui soutiens que la danse est une science à laquelle on ne peut faire assez d'honneur.

---

1. *Préférence* : supériorité, préséance; **2.** Allusion au *De ira*, en trois livres; **3.** *Condition* : rang que donne dans la société la naissance ou la profession; **4.** *Disputer* : discuter.

──────── **QUESTIONS** ────────

12. L'accueil fait par Monsieur Jourdain au maître de philosophie est-il sur le même ton que celui qu'il a réservé à ses trois autres professeurs? Pourquoi cette déférence?

MAÎTRE DE MUSIQUE. — Et moi, que la musique en est une
30 que tous les siècles ont révérée.

MAÎTRE D'ARMES. — Et moi, je leur soutiens à tous deux
que la science de tirer des armes est la plus belle et la plus
nécessaire de toutes les sciences.

MAÎTRE DE PHILOSOPHIE. — Et que sera donc la philosophie?
35 Je vous trouve tous trois bien impertinents de parler devant
moi avec cette arrogance, et de donner impudemment le nom
de science à des choses que l'on ne doit pas même honorer
du nom d'art (13), et qui ne peuvent être comprises que sous
le nom de métier misérable de gladiateur, de chanteur et de
40 baladin!

MAÎTRE D'ARMES. — Allez, philosophe de chien!

MAÎTRE DE MUSIQUE. — Allez, bélître¹ de pédant!

MAÎTRE À DANSER. — Allez, cuistre fieffé²!

MAÎTRE DE PHILOSOPHIE. — Comment! marauds que vous
45 êtes...

*(Le philosophe se jette sur eux, et tous trois le chargent de
coups.)*

MONSIEUR JOURDAIN. — Monsieur le philosophe!

MAÎTRE DE PHILOSOPHIE. — Infâmes! coquins! insolents!

MONSIEUR JOURDAIN. — Monsieur le philosophe!

MAÎTRE D'ARMES. — La peste l'animal³!

50 MONSIEUR JOURDAIN. — Messieurs.

MAÎTRE DE PHILOSOPHIE. — Impudents!

MONSIEUR JOURDAIN. — Monsieur le philosophe!

MAÎTRE À DANSER. — Diantre soit de l'âne bâté!

MONSIEUR JOURDAIN. — Messieurs.

55 MAÎTRE DE PHILOSOPHIE. — Scélérats!

MONSIEUR JOURDAIN. — Monsieur le philosophe!

MAÎTRE DE MUSIQUE. — Au diable l'impertinent!

---

1. *Bélître :* coquin, gueux; 2. *Fieffé* s'ajoute à un terme péjoratif pour indiquer
qu'on a un défaut au suprême degré, qu'on le possède aussi solidement qu'un fief;
3. Expression abrégée, couramment employée pour « la peste emporte l'animal ».

──────── QUESTIONS ────────

13. Expliquez l'opposition entre *science* et *art* en tenant bien compte
du sens qu'avait ce dernier mot dans la langue du XVIIᵉ siècle.

MONSIEUR JOURDAIN. — Messieurs.

MAÎTRE DE PHILOSOPHIE. — Fripons! gueux! traîtres! impos-
60 teurs! **(14)**

MONSIEUR JOURDAIN. — Monsieur le philosophe, messieurs,
monsieur le philosophe, messieurs, monsieur le philosophe!...
(Ils sortent en se battant.) Oh! battez-vous tant qu'il vous
plaira, je n'y saurais que faire, et je n'irai pas gâter ma robe
65 pour vous séparer. Je serais bien fou de m'aller fourrer parmi
eux pour recevoir quelque coup qui me ferait mal. **(15) (16)**

SCÈNE IV. — MAITRE DE PHILOSOPHIE, MONSIEUR JOURDAIN, DEUX LAQUAIS.

MAÎTRE DE PHILOSOPHIE, *en raccommodant son collet*[1]. —
Venons à notre leçon.

MONSIEUR JOURDAIN. — Ah! monsieur, je suis fâché des
coups qu'ils vous ont donnés.

MAÎTRE DE PHILOSOPHIE. — Cela n'est rien. Un philosophe
5 sait recevoir comme il faut les choses, et je vais composer
contre eux une satire du style de Juvénal[2], qui les déchirera
de la belle façon. Laissons cela. Que voulez-vous apprendre?

MONSIEUR JOURDAIN. — Tout ce que je pourrai, car j'ai
toutes les envies du monde d'être savant, et j'enrage que mon
10 père et ma mère ne m'aient pas fait bien étudier dans toutes
les sciences, quand j'étais jeune.

---

1. En remettant en place son *collet* ou *rabat* (pièce de toile blanche que l'on met
autour du cou); 2. *Juvénal* : poète satirique latin (vers 60 - vers 140 apr. J.-C.), à
qui Molière empruntera aussi certains traits pour sa peinture des *Femmes savantes*
(Satire VI).

--- **QUESTIONS** ---

14. Étudiez le développement de cette nouvelle querelle : se déroule-
t-elle sur le même rythme que la précédente? Pourquoi est-elle plus violente? Expliquez les insultes qui sont lancées par chacun des antagonistes :
en quoi correspondent-elles à leur condition et à leur caractère? Qui lance
les injures les plus violentes?

15. A quelle occasion Monsieur Jourdain avait-il déjà laissé deviner
qu'il n'était pas très brave?

16. SUR L'ENSEMBLE DE LA SCÈNE III. — Les deux langages du maître
de philosophie : étudiez son vocabulaire au début et à la fin de la scène.
Qu'en conclure sur son caractère?

— Les effets comiques dans cette scène : montrez qu'ils prennent toute
leur valeur par comparaison avec la scène précédente. Quel comique de
situation est notamment exploité ici?

LE MAÎTRE DE PHILOSOPHIE ET MONSIEUR JOURDAIN

Denis d'Inès et Louis Seigner (Comédie-Française).

Louis Seigner, qui tient depuis 1950 le rôle de Monsieur Jourdain à la Comédie-Française, explique ainsi son interprétation :

« Il faut surtout ne pas faire de Monsieur Jourdain un pitre. C'est un rôle tout de simplicité et d'humanité, une humanité touchante et vraie. Commerçant habile et très fortuné, il l'a été, mais il ne s'en souvient ici qu'un instant, lorsqu'il reconnaît du drap de son habit sur les épaules de son maître tailleur. Tout le reste du temps, il n'est qu'un grand enfant. Et remarquez bien que pas un instant il ne nous inquiète. »

MAÎTRE DE PHILOSOPHIE. — Ce sentiment est raisonnable. *Nam sine doctrina vita est quasi mortis imago*[1]. Vous entendez cela, et vous savez le latin sans doute?

15   MONSIEUR JOURDAIN. — Oui, mais faites comme si je ne le savais pas. Expliquez-moi ce que cela veut dire.

MAÎTRE DE PHILOSOPHIE. — Cela veut dire que sans la science la vie est presque une image de la mort.

MONSIEUR JOURDAIN. — Ce latin-là a raison.

20   MAÎTRE DE PHILOSOPHIE. — N'avez-vous point quelques principes, quelques commencements des sciences?

MONSIEUR JOURDAIN. — Oh! oui, je sais lire et écrire. **(17)**

MAÎTRE DE PHILOSOPHIE. — Par où vous plaît-il que nous commencions? Voulez-vous que je vous apprenne la logique[2]?

25   MONSIEUR JOURDAIN. — Qu'est-ce que c'est que cette logique?

MAÎTRE DE PHILOSOPHIE. — C'est elle qui enseigne les trois opérations de l'esprit.

MONSIEUR JOURDAIN. — Qui sont-elles, ces trois opérations de l'esprit?

30   MAÎTRE DE PHILOSOPHIE. — La première, la seconde et la troisième. La première est de bien concevoir par le moyen des universaux[3]; la seconde, de bien juger par le moyen des catégories[4]; et la troisième, de bien tirer une conséquence par le moyen des figures[5]. *Barbara, Celarent, Darii, Ferio,*
35   *Baralipton*[6], etc.

---

1. « Car sans la science, la vie est comme l'image de la mort. » Cette citation est empruntée à une pièce de Larivey, *le Fidèle* (II, XIV), qui date de 1611; 2. *Logique* : science qui apprend à raisonner. Un édit de 1600 faisait commencer par là le cours donné dans les classes terminales des collèges, d'où le nom de « logique » donné alors à cette classe. Le maître de philosophie propose d'ailleurs à Monsieur Jourdain le programme traditionnel des études; 3. *Universaux* : caractères communs à plusieurs choses; 4. *Catégories* : les dix classes selon lesquelles se répartissent les êtres; 5. *Figures* : dispositions des trois termes dont est formé le raisonnement appelé « syllogisme »; 6. Formules mnémotechniques destinées à retenir les principales formes de syllogismes. Ces formules étaient traditionnelles depuis la scolastique du Moyen Age.

--- **QUESTIONS** ---

17. Quel est le degré d'instruction de Monsieur Jourdain? Est-ce normal, étant donné sa condition? Molière veut-il le ridiculiser en le montrant désolé de n'avoir pas reçu d'instruction? Monsieur Jourdain a-t-il raison de dissimuler qu'il ne sait pas le latin?

MONSIEUR JOURDAIN. — Voilà des mots qui sont trop rébarbatifs. Cette logique-là ne me revient point. Apprenons autre chose qui soit plus joli. **(18)**

MAÎTRE DE PHILOSOPHIE. — Voulez-vous apprendre la morale?

40   MONSIEUR JOURDAIN. — La morale?

MAÎTRE DE PHILOSOPHIE. — Oui.

MONSIEUR JOURDAIN. — Qu'est-ce qu'elle dit, cette morale?

MAÎTRE DE PHILOSOPHIE. — Elle traite de la félicité, enseigne aux hommes à modérer leurs passions, et...

45   MONSIEUR JOURDAIN. — Non, laissons cela. Je suis bilieux comme tous les diables; et, il n'y a morale qui tienne, je me veux mettre en colère tout mon soûl, quand il m'en prend envie. **(19)**

MAÎTRE DE PHILOSOPHIE. — Est-ce la physique[1] que vous
50 voulez apprendre?

MONSIEUR JOURDAIN. — Qu'est-ce qu'elle chante, cette physique?

MAÎTRE DE PHILOSOPHIE. — La physique est celle qui explique les principes des choses naturelles et les propriétés du corps;
55 qui discourt de la nature des éléments, des métaux, des minéraux, des pierres, des plantes et des animaux, et nous enseigne les causes de tous les météores[2], l'arc-en-ciel, les feux volants[3], les comètes, les éclairs, le tonnerre, la foudre, la pluie, la neige, la grêle, les vents et les tourbillons[4].

---

1. *Physique* : ensemble des sciences de la nature; au XVIIe siècle, ce terme englobe la physique proprement dite, la chimie, l'astronomie, l'anatomie, la botanique, etc.; 2. *Météores* : tous les phénomènes qui se passent dans les parties supérieures de l'atmosphère; 3. *Feux volants* : feux follets; 4. *Tourbillons*. Il ne s'agit sans doute pas des tempêtes, mais des tourbillons que Descartes avait définis, dans son livre des *Météores* (1637), comme les mouvements d'une quantité de matière qui tourne autour d'un astre ou d'une planète. La théorie cartésienne des tourbillons était alors fort en vogue, et Molière y fait plusieurs fois allusion.

--- QUESTIONS ---

18. La méthode du maître de philosophie : pense-t-il à adapter son enseignement au niveau de son élève? La réponse de Monsieur Jourdain, si comique soit-elle, est-elle pourtant absurde?
19. Relevez l'effet comique : 1° sur la définition de la morale par le maître de philosophie; 2° dans le refus de Monsieur Jourdain. Le trait de caractère qui se révèle ici ne se retrouve-t-il pas dans d'autres personnages de Molière? De quelle qualité nécessaire à la vie sociale manque celui qui *veut* pouvoir se mettre ainsi en colère?

60 MONSIEUR JOURDAIN. — Il y a trop de tintamarre là-dedans, trop de brouillamini. **(20)**

MAÎTRE DE PHILOSOPHIE. — Que voulez-vous donc que je vous apprenne?

MONSIEUR JOURDAIN. — Apprenez-moi l'orthographe.

65 MAÎTRE DE PHILOSOPHIE. — Très volontiers.

MONSIEUR JOURDAIN. — Après, vous m'apprendrez l'almanach, pour savoir quand il y a de la lune et quand il n'y en a point. **(21)**

MAÎTRE DE PHILOSOPHIE. — Soit. Pour bien suivre votre
70 pensée et traiter cette matière en philosophe, il faut commencer, selon l'ordre des choses, par une exacte connaissance de la nature des lettres et de la différente manière de les prononcer toutes. Et là-dessus j'ai à vous dire que les lettres sont divisées en voyelles, ainsi dites voyelles parce qu'elles expriment
75 les voix; et en consonnes, ainsi appelées consonnes parce qu'elles sonnent avec les voyelles, et ne font que marquer les diverses articulations des voix. Il y a cinq voyelles ou voix : A, E, I, O, U[1].

MONSIEUR JOURDAIN. — J'entends tout cela.

MAÎTRE DE PHILOSOPHIE. — La voix A se forme en ouvrant
80 fort la bouche : A.

MONSIEUR JOURDAIN. — A, A, oui.

MAÎTRE DE PHILOSOPHIE. — La voix E se forme en rapprochant la mâchoire d'en bas de celle d'en haut : A, E.

MONSIEUR JOURDAIN. — A, E; A, E. Ma foi, oui. Ah! que
85 cela est beau!

MAÎTRE DE PHILOSOPHIE. — Et la voix I, en rapprochant encore davantage les mâchoires l'une de l'autre, et écartant les deux coins de la bouche vers les oreilles : A, E, I.

MONSIEUR JOURDAIN. — A, E, I, I, I, I. Cela est vrai. Vive
90 la science!

---

1. Le cours de phonétique qui commence ici pourrait avoir été inspiré à Molière par la lecture d'un ouvrage récent : *Discours physique de la parole* (1668).

———— **QUESTIONS** ————

20. L'enseignement des sciences physiques et naturelles peut-il intéresser Monsieur Jourdain? En prenant pour point de comparaison *les Femmes savantes*, rappelez quel est le niveau moyen des connaissances scientifiques que peut avoir un bourgeois de cette époque.
21. Les demandes de Monsieur Jourdain sont-elles toutes deux absurdes?

MAÎTRE DE PHILOSOPHIE. — La voix O se forme en rouvrant les mâchoires et rapprochant les lèvres par les deux coins, le haut et le bas : O.

MONSIEUR JOURDAIN. — O, O. Il n'y a rien de plus juste.
95 A, E, I, O, I, O. Cela est admirable! I, O, I, O.

MAÎTRE DE PHILOSOPHIE. — L'ouverture de la bouche fait justement comme un petit rond qui représente un O.

MONSIEUR JOURDAIN. — O, O, O. Vous avez raison. O. Ah! la belle chose que de savoir quelque chose!

100 MAÎTRE DE PHILOSOPHIE. — La voix U se forme en rapprochant les dents sans les joindre entièrement, et allongeant les deux lèvres en dehors, les approchant aussi l'une de l'autre sans les joindre tout à fait : U.

MONSIEUR JOURDAIN. — U, U. Il n'y a rien de plus véri-
105 table, U.

MAÎTRE DE PHILOSOPHIE. — Vos deux lèvres s'allongent comme si vous faisiez la moue, d'où vient que, si vous la voulez faire à quelqu'un et vous moquer de lui, vous ne sauriez lui dire que U.

110 MONSIEUR JOURDAIN. — U, U. Cela est vrai. Ah! que n'ai-je étudié plus tôt pour savoir tout cela! **(22)**

MAÎTRE DE PHILOSOPHIE. — Demain nous verrons les autres lettres, qui sont les consonnes.

MONSIEUR JOURDAIN. — Est-ce qu'il y a des choses aussi
115 curieuses qu'à celles-ci?

MAÎTRE DE PHILOSOPHIE. — Sans doute. La consonne D, par exemple, se prononce en donnant du bout de la langue au-dessus des dents d'en haut : DA.

MONSIEUR JOURDAIN. — DA, DA. Oui. Ah! les belles choses!
120 les belles choses!

MAÎTRE DE PHILOSOPHIE. — L'F, en appuyant les dents d'en haut sur la lèvre de dessous : FA.

MONSIEUR JOURDAIN. — FA, FA. C'est la vérité. Ah! mon père et ma mère, que je vous veux de mal!

─────────── **QUESTIONS** ───────────

22. La pédagogie du maître de philosophie : est-il clair dans son enseignement? Mais ce qu'il enseigne a-t-il grande utilité? — A quel genre de comique se prête cette partie de la scène? Comment les réflexions de Monsieur Jourdain ajoutent-elles encore à ses grimaces?

125   MAÎTRE DE PHILOSOPHIE. — Et l'R, en portant le bout de la langue jusqu'au haut du palais; de sorte, qu'étant frôlée par l'air qui sort avec force, elle lui cède et revient toujours au même endroit, faisant une manière de tremblement : R, ra.

    MONSIEUR JOURDAIN. — R, r, ra; R, r, r, r, r, ra. Cela est
130 vrai. Ah! l'habile homme que vous êtes! et que j'ai perdu de temps! R, r, r, ra.

    MAÎTRE DE PHILOSOPHIE. — Je vous expliquerai à fond toutes ces curiosités. (23)

    MONSIEUR JOURDAIN. — Je vous en prie. Au reste, il faut
135 que je vous fasse une confidence. Je suis amoureux d'une personne de grande qualité, et je souhaiterais que vous m'aidassiez à lui écrire[1] quelque chose dans un petit billet que je veux laisser tomber à ses pieds.

    MAÎTRE DE PHILOSOPHIE. — Fort bien.

140   MONSIEUR JOURDAIN. — Cela sera galant, oui.

    MAÎTRE DE PHILOSOPHIE. — Sans doute. Sont-ce des vers que vous lui voulez écrire?

    MONSIEUR JOURDAIN. — Non, non, point de vers.

    MAÎTRE DE PHILOSOPHIE. — Vous ne voulez que de la prose?

145   MONSIEUR JOURDAIN. — Non, je ne veux ni prose ni vers.

    MAÎTRE DE PHILOSOPHIE. — Il faut bien que ce soit l'un ou l'autre.

    MONSIEUR JOURDAIN. — Pourquoi?

    MAÎTRE DE PHILOSOPHIE. — Par la raison, monsieur, qu'il n'y
150 a pour s'exprimer que la prose ou les vers.

    MONSIEUR JOURDAIN. — Il n'y a que la prose ou les vers.

    MAÎTRE DE PHILOSOPHIE. — Non, monsieur[2] : tout ce qui n'est point prose est vers; et tout ce qui n'est point vers est prose.

---

    1. Cette demande n'a rien de surprenant; même des gens plus cultivés que Monsieur Jourdain avaient recours à des poètes ou à des écrivains de profession pour rédiger leur correspondance galante; 2. La réponse de Monsieur Jourdain appelait une réponse affirmative; le maître de philosophie répond à une question qui serait ainsi formulée : « N'y a-t-il rien d'autre que la prose ou les vers? » Mais ce *non* annonce le mouvement négatif de la phrase qui suit.

────── **QUESTIONS** ──────

23. Pourquoi le désir d'en savoir davantage est-il à la fois louable et ridicule ici? Les expressions *choses curieuses*, *curiosités*, employées tour à tour par chacun des personnages, conviennent-elles bien au sujet étudié?

155 MONSIEUR JOURDAIN. — Et comme l'on parle, qu'est-ce que c'est donc que cela?

MAÎTRE DE PHILOSOPHIE. — De la prose.

MONSIEUR JOURDAIN. — Quoi! quand je dis : « Nicole, apportez-moi mes pantoufles, et me donnez mon bonnet
160 de nuit », c'est de la prose?

MAÎTRE DE PHILOSOPHIE. — Oui, monsieur.

MONSIEUR JOURDAIN. — Par ma foi! il y a plus de quarante ans que je dis de la prose sans que j'en susse rien[1]; et je vous suis le plus obligé du monde de m'avoir appris cela. **(24)** Je
165 voudrais donc lui mettre dans un billet : « Belle marquise, vos beaux yeux me font mourir d'amour[2] », mais je voudrais que cela fût mis d'une manière galante, que ce fût tourné gentiment.

MAÎTRE DE PHILOSOPHIE. — Mettre que les feux de ses yeux
170 réduisent votre cœur en cendres; que vous souffrez nuit et jour pour elle les violences d'un...

MONSIEUR JOURDAIN. — Non, non, non, je ne veux point tout cela; je ne veux que ce que je vous ai dit : « Belle marquise, vos beaux yeux me font mourir d'amour. »

175 MAÎTRE DE PHILOSOPHIE. — Il faut bien étendre un peu la chose.

MONSIEUR JOURDAIN. — Non, vous dis-je, je ne veux que ces seules paroles-là dans le billet, mais tournées à la mode, bien arrangées comme il faut. Je vous prie de me dire un peu,
180 pour voir, les diverses manières dont on les peut mettre.

MAÎTRE DE PHILOSOPHIE. — On les peut mettre premièrement comme vous avez dit : « Belle marquise, vos beaux yeux me font mourir d'amour. » Ou bien : « D'amour mourir me font, belle marquise, vos beaux yeux. » Ou bien : « Vos yeux beaux
185 d'amour me font, belle marquise, mourir. » Ou bien : « Mourir

---

1. Naïveté attribuée au comte de Soissons (cf. Lettre de Mme de Sévigné, 12 juin 1681); 2. Ce que souhaite sans doute Monsieur Jourdain, sans pouvoir l'exprimer en termes propres, c'est adresser un madrigal. Le madrigal, court poème d'amour, était alors fort à la mode.

───────── QUESTIONS ─────────

24. Étudiez, depuis « la confidence » de Monsieur Jourdain, les répliques du maître : son agacement, puis la solennité avec laquelle il révèle à son élève une vérité première. — Monsieur Jourdain est-il effrayé de sa propre ignorance?

vos beaux yeux, belle marquise, d'amour me font. » Ou bien :
« Me font vos yeux beaux mourir, belle marquise, d'amour. »

MONSIEUR JOURDAIN. — Mais, de toutes ces façons-là, laquelle
est la meilleure?

190   MAÎTRE DE PHILOSOPHIE. — Celle que vous avez dite : « Belle
marquise, vos beaux yeux me font mourir d'amour. »

MONSIEUR JOURDAIN. — Cependant je n'ai point étudié, et
j'ai fait cela tout du premier coup. Je vous remercie de tout
mon cœur, et vous prie de venir demain de bonne heure. **(25)**

195   MAÎTRE DE PHILOSOPHIE. — Je n'y manquerai pas[1]. *(Il sort.)*

MONSIEUR JOURDAIN, *à son laquais.* — Comment, mon habit
n'est point encore arrivé?

LE LAQUAIS. — Non, monsieur.

MONSIEUR JOURDAIN. — Ce maudit tailleur me fait bien
200 attendre pour un jour où j'ai tant d'affaires! J'enrage. Que
la fièvre quartaine puisse serrer[2] bien fort le bourreau de
tailleur! Au diable le tailleur! La peste étouffe le tailleur!
Si je le tenais maintenant, ce tailleur détestable, ce chien de
tailleur-là, ce traître de tailleur, je... **(26) (27)**

_____

1. Au théâtre, on ajoute quelquefois : « Souvenez-vous bien de FA, FA », ce qui
rend plus comique la sortie du maître de philosophie; 2. Que la fièvre quarte (fièvre
intermittente dont les accès reviennent après trois jours) puisse étreindre...

———————— QUESTIONS ————————

25. Monsieur Jourdain et le beau langage : ses prétentions au style
élégant ont-elles obscurci totalement son bon sens? Pourquoi refuse-t-il
les développements et les images proposés par le maître de philosophie?
— La conclusion du débat : quelle idée chère à Molière transparaît à
travers cet épisode comique?

26. Cette colère subite contre le tailleur étonne-t-elle de la part de
Monsieur Jourdain?

27. SUR L'ENSEMBLE DE LA SCÈNE IV. — La composition de cette scène :
montrez-en les différents moments; les effets comiques sont-ils de plusieurs
sortes?

— L'attitude de Monsieur Jourdain : son respect de la science l'empêche-
t-il d'imposer au maître sa volonté? Tout en reconnaissant son ignorance,
a-t-il perdu sa vanité?

— Molière pense-t-il qu'il est inutile de s'instruire à l'âge de Monsieur
Jourdain?

— Le personnage du pédant : quels sont les ridicules du maître de
philosophie? Comparez-le à Métaphraste dans *le Dépit amoureux*, à
Pancrace et Marphurius dans *le Mariage forcé*, à Robinet dans *la Comtesse
d'Escarbagnas*, à Vadius dans *les Femmes savantes*. Résumez les griefs
de Molière contre toutes les formes de pédantisme.

Scène V. — MAITRE TAILLEUR,
GARÇON TAILLEUR, *portant l'habit de Monsieur Jourdain*,
MONSIEUR JOURDAIN, LAQUAIS.

MONSIEUR JOURDAIN. — Ah! vous voilà? Je m'allais mettre en colère contre vous.

MAÎTRE TAILLEUR. — Je n'ai pas pu venir plus tôt, et j'ai mis vingt garçons après votre habit.

5 MONSIEUR JOURDAIN. — Vous m'avez envoyé des bas de soie si étroits que j'ai eu toutes les peines du monde à les mettre, et il y a déjà deux mailles de rompues.

MAÎTRE TAILLEUR. — Ils ne s'élargiront que trop.

MONSIEUR JOURDAIN. — Oui, si je romps toujours des mailles.
10 Vous m'avez aussi fait faire des souliers qui me blessent furieusement[1].

MAÎTRE TAILLEUR. — Point du tout, monsieur.

MONSIEUR JOURDAIN. — Comment, point du tout!

MAÎTRE TAILLEUR. — Non, ils ne vous blessent point.

15 MONSIEUR JOURDAIN. — Je vous dis qu'ils me blessent, moi.

MAÎTRE TAILLEUR. — Vous vous imaginez cela.

MONSIEUR JOURDAIN. — Je me l'imagine parce que je le sens. Voyez la belle raison! **(28)**

MAÎTRE TAILLEUR. — Tenez, voilà le plus bel habit de la
20 cour, et le mieux assorti[2]. C'est un chef-d'œuvre que d'avoir inventé un habit sérieux qui ne fût pas noir; et je le donne en six coups[3] aux tailleurs les plus éclairés.

MONSIEUR JOURDAIN. — Qu'est-ce que c'est que ceci? Vous avez mis les fleurs en enbas[4].

25 MAÎTRE TAILLEUR. — Vous ne m'avez pas dit que vous les vouliez en enhaut?

---

1. *Furieusement* : fortement. Exagération d'expression semblable à celle qu'on retrouve aujourd'hui dans « énormément », « terriblement », etc.; **2.** *Assorti* : dont l'ensemble est arrangé d'une heureuse façon; **3.** Je défie de faire en six coups ce que j'ai fait d'un seul coup (terme de jeu); **4.** La tête en bas. *En enbas* et *en enhaut* forment des expressions adverbiales.

QUESTIONS

---

28. Sur quel ton s'engage le dialogue? Pourquoi Monsieur Jourdain traite-t-il le tailleur beaucoup plus rudement que ses maîtres? Quelle est l'attitude du tailleur?

MONSIEUR JOURDAIN. — Est-ce qu'il faut dire cela?

MAÎTRE TAILLEUR. — Oui, vraiment. Toutes les personnes de qualité les portent de la sorte.

30 MONSIEUR JOURDAIN. — Les personnes de qualité portent les fleurs en enbas?

MAÎTRE TAILLEUR. — Oui, monsieur.

MONSIEUR JOURDAIN. — Oh! voilà qui est donc bien.

MAÎTRE TAILLEUR. — Si vous voulez, je les mettrai en enhaut.

35 MONSIEUR JOURDAIN. — Non, non.

MAÎTRE TAILLEUR. — Vous n'avez qu'à dire.

MONSIEUR JOURDAIN. — Non, vous dis-je, vous avez bien fait. Croyez-vous que l'habit m'aille bien?

MAÎTRE TAILLEUR. — Belle demande! Je défie un peintre
40 avec son pinceau de vous faire rien de plus juste. J'ai chez moi un garçon qui, pour monter une ringrave[1], est le plus grand génie du monde; et un autre qui, pour assembler un pourpoint[2], est le héros de notre temps.

MONSIEUR JOURDAIN. — La perruque et les plumes sont-elles
45 comme il faut?

MAÎTRE TAILLEUR. — Tout est bien. **(29)**

MONSIEUR JOURDAIN, *en regardant l'habit du tailleur.* — Ah! ah! monsieur le tailleur, voilà de mon étoffe du dernier habit que vous m'avez fait. Je la reconnais bien.

50 MAÎTRE TAILLEUR. — C'est que l'étoffe me sembla si belle que j'en ai voulu lever[3] un habit pour moi.

MONSIEUR JOURDAIN. — Oui, mais il ne fallait pas le lever avec le mien. **(30)**

___

1. *Ringrave* ou *rhingrave* : culotte de cheval fort large, dont la mode avait été apportée en France au milieu du siècle par un comte du Rhin (Rheingraf); 2. *Pourpoint* : partie du vêtement qui couvre le haut du corps; 3. *Lever* : prendre et couper sur une pièce d'étoffe.

———— **QUESTIONS** ————————————————

29. Quelles sont les deux qualités qui révèlent chez le maître tailleur un commerçant habile? Monsieur Jourdain est-il un client aussi difficile qu'on pouvait le croire?

30. En quoi ce petit incident montre-t-il que Monsieur Jourdain est resté bien bourgeois? Le tailleur a-t-il du mal à se justifier?

MAÎTRE TAILLEUR. — Voulez-vous mettre votre habit?

55 MONSIEUR JOURDAIN. — Oui, donnez-le moi.

MAÎTRE TAILLEUR. — Attendez. Cela ne va pas comme cela. J'ai amené des gens pour vous habiller en cadence, et ces sortes d'habits se mettent avec cérémonie. Holà! entrez, vous autres. Mettez cet habit à monsieur de la manière que vous
60 faites aux personnes de qualité.

(Quatre garçons tailleurs entrent, dont deux lui arrachent le haut-de-chausses[1] de ses exercices, et deux autres la camisole, puis ils lui mettent son habit neuf; et Monsieur Jourdain se promène entre eux et leur montre son habit pour voir s'il est bien. Le tout à la cadence de toute la symphonie[2].)

GARÇON TAILLEUR. — Mon gentilhomme, donnez, s'il vous plaît, aux garçons quelque chose pour boire.

MONSIEUR JOURDAIN. — Comment m'appelez-vous?

GARÇON TAILLEUR. — Mon gentilhomme.

65 MONSIEUR JOURDAIN. — « Mon gentilhomme! » Voilà ce que c'est de se mettre en personne de qualité! Allez-vous-en demeurer toujours habillé en bourgeois, on ne vous dira point : « Mon gentilhomme. » *(Donnant de l'argent.)* Tenez, voilà pour « Mon gentilhomme ».

70 GARÇON TAILLEUR. — Monseigneur[3], nous vous sommes bien obligés.

MONSIEUR JOURDAIN. — « Monseigneur! » oh! oh! « Monseigneur! » Attendez, mon ami. « Monseigneur » mérite quelque chose, et ce n'est pas une petite parole que « Monseigneur ».
75 Tenez, voilà ce que monseigneur vous donne.

GARÇON TAILLEUR. — Monseigneur, nous allons boire tous à la santé de Votre Grandeur[4].

MONSIEUR JOURDAIN. — « Votre Grandeur! » oh! oh! oh! Attendez, ne vous en allez pas. A moi « Votre Grandeur »!
80 *(Bas, à part.)* Ma foi, s'il va jusqu'à l'Altesse[5], il aura toute la bourse. *(Haut.)* Tenez, voilà pour ma Grandeur.

GARÇON TAILLEUR. — Monseigneur, nous la remercions très humblement de ses libéralités.

---

1. Voir page 29, note 2; 2. *Symphonie :* concert d'instruments; 3. *Monseigneur :* titre qui ne se donnait qu'aux gentilshommes de la noblesse; 4. *Votre Grandeur :* titre réservé aux évêques et à quelques rares seigneurs; 5. *Altesse* est le titre des princes ou des ducs souverains.

MONSIEUR JOURDAIN. — Il a bien fait, je lui allais tout don-
85 ner (31).

(Les quatre garçons tailleurs se réjouissent par une danse,
qui fait le second intermède.) **[32] [33]**

ACTE III

SCÈNE PREMIÈRE. — MONSIEUR JOURDAIN,
DEUX LAQUAIS.

MONSIEUR JOURDAIN. — Suivez-moi, que j'aille un peu montrer mon habit par la ville; et surtout ayez soin tous deux de
marcher immédiatement sur mes pas, afin qu'on voie bien
que vous êtes à moi.

5 LAQUAIS. — Oui, monsieur.

MONSIEUR JOURDAIN. — Appelez-moi Nicole, que je lui
donne quelques ordres. Ne bougez, la voilà. (1)

———————— QUESTIONS ————————

31. L'effet comique de progression dans cette fin de scène. Étudiez en
particulier les trois dernières répliques : pourquoi le garçon tailleur ne
va-t-il pas jusqu'à l'Altesse? Est-ce une déconvenue ou une satisfaction
pour Monsieur Jourdain?

32. SUR L'ENSEMBLE DE LA SCÈNE V. — Le maître tailleur : relevez les
principaux traits de caractère. Comment Molière réussit-il à donner une
personnalité même aux personnages secondaires? Se conduirait-il avec
un authentique grand seigneur comme avec le Bourgeois? En quoi le
garçon tailleur est-il, à un échelon inférieur, la réplique de son patron?
— L'attitude de Monsieur Jourdain : si on se rappelle qu'il a, en tant
que marchand drapier, eu bien des maîtres tailleurs dans sa clientèle,
comprend-on mieux son attitude?

33. SUR L'ENSEMBLE DE L'ACTE II. — En quoi cet acte est-il le complément du premier? N'est-il pas cependant plus comique?
— L'action est-elle engagée? Comment s'est précisée la préparation
d'épisodes ultérieurs?
— Monsieur Jourdain, homme de qualité : comment conçoit-il sa for-
mation intellectuelle et artistique? Quel profit pense-t-il tirer de l'escrime?
Quelle part est accordée par lui au luxe du vêtement?
— Les personnages épisodiques de cet acte : sont-ils de simples
silhouettes? Sont-ce des caractères? En quoi donnent-ils une image de
certains milieux sociaux?

1. Cette simple scène de transition ne manque pas d'intérêt; pourquoi?

Scène II. — NICOLE, MONSIEUR JOURDAIN, DEUX LAQUAIS.

MONSIEUR JOURDAIN. — Nicole!

NICOLE. — Plaît-il?

MONSIEUR JOURDAIN. — Écoutez.

NICOLE. — Hi, hi, hi, hi, hi!

5 MONSIEUR JOURDAIN. — Qu'as-tu à rire?

NICOLE. — Hi, hi, hi, hi, hi, hi!

MONSIEUR JOURDAIN. — Que veut dire cette coquine-là?

NICOLE. — Hi, hi, hi! Comme vous voilà bâti[1]! Hi, hi, hi!

MONSIEUR JOURDAIN. — Comment donc?

10 NICOLE. — Ah! ah! mon Dieu! Hi, hi, hi, hi, hi!

MONSIEUR JOURDAIN. — Quelle friponne est-ce là? Te moques-tu de moi?

NICOLE. — Nenni, monsieur, j'en serais bien fâchée. Hi, hi, hi, hi, hi, hi!

15 MONSIEUR JOURDAIN. — Je te baillerai[2] sur le nez, si tu ris davantage.

NICOLE. — Monsieur, je ne puis pas m'en empêcher. Hi, hi, hi, hi, hi, hi!

MONSIEUR JOURDAIN. — Tu ne t'arrêteras pas?

20 NICOLE. — Monsieur, je vous demande pardon; mais vous êtes si plaisant que je ne saurais me tenir[3] de rire. Hi, hi, hi!

MONSIEUR JOURDAIN. — Mais voyez quelle insolence!

NICOLE. — Vous êtes tout à fait drôle comme cela. Hi, hi!

MONSIEUR JOURDAIN. — Je te...

25 NICOLE. — Je vous prie de m'excuser. Hi, hi, hi, hi!

MONSIEUR JOURDAIN. — Tiens, si tu ris encore le moins du monde, je te jure que je t'appliquerai sur la joue le plus grand soufflet qui se soit jamais donné.

NICOLE. — Hé bien, monsieur, voilà qui est fait, je ne rirai
30 plus.

---

1. *Bâti* : équipé, habillé (langage populaire); 2. *Bailler* : donner. Le mot est alors déjà vieilli et ne s'emploie plus dans la bonne société; 3. *Tenir* : retenir.

MONSIEUR JOURDAIN. — Prends-y bien garde. Il faut que pour tantôt tu nettoies...

NICOLE. — Hi, hi!

MONSIEUR JOURDAIN. — Que tu nettoies comme il faut...

35 NICOLE. — Hi, hi!

MONSIEUR JOURDAIN. — Il faut, dis-je, que tu nettoies la salle, et...

NICOLE. — Hi, hi!

MONSIEUR JOURDAIN. — Encore?

40 NICOLE, *tombant à force de rire*. — Tenez, monsieur, battez-moi plutôt, et me laissez rire tout mon soûl, cela me fera plus de bien. Hi, hi, hi, hi, hi!

MONSIEUR JOURDAIN. — J'enrage!

NICOLE. — De grâce, monsieur, je vous prie de me laisser 45 rire. Hi, hi, hi!

MONSIEUR JOURDAIN. — Si je te prends...

NICOLE. — Monsieur... eur, je crèverai... ai, si je ne ris. Hi, hi, hi!

MONSIEUR JOURDAIN. — Mais a-t-on jamais vu une pendarde 50 comme celle-là, qui me vient rire insolemment au nez, au lieu de recevoir mes ordres?

NICOLE. — Que voulez-vous que je fasse, monsieur?

MONSIEUR JOURDAIN. — Que tu songes, coquine, à préparer ma maison pour la compagnie qui doit venir tantôt.

55 NICOLE, *se relevant*. — Ah! par ma foi, je n'ai plus envie de rire; et toutes vos compagnies font tant de désordre céans que ce mot est assez pour me mettre en mauvaise humeur.

MONSIEUR JOURDAIN. — Ne dois-je point pour toi fermer ma porte à tout le monde?

60 NICOLE. — Vous devriez au moins la fermer à certaines gens. (2)

────────── QUESTIONS ──────────

2. SUR LA SCÈNE II. — Composition de cette scène : quels en sont les deux mouvements? Comment Molière met-il fin au rire de Nicole?
— Les sources du comique : pourquoi ce rire irrépressible de Nicole? Le procédé n'est-il pas un peu élémentaire?
— Le contraste de cette scène avec les deux premiers actes? Monsieur Jourdain fait-il ici aussi grande figure qu'en présence de ses maîtres? Est-il étonnant qu'une servante de comédie soit si irrévérencieuse?

GASTON VACCHIA DANS LE RÔLE DE M. JOURDAIN
Théâtre Sarah-Bernhardt, 1963.

MADAME JOURDAIN (Mathilde Casadesus) et **NICOLE** (Nicole Vassel).
Théâtre Sarah-Bernhardt, 1963.

Scène III. — MADAME JOURDAIN,
MONSIEUR JOURDAIN, NICOLE, DEUX LAQUAIS.

MADAME JOURDAIN. — Ah! ah! voici une nouvelle histoire. Qu'est-ce que c'est donc, mon mari, que cet équipage-là? Vous moquez-vous du monde de vous être fait enharnacher[1] de la sorte? et avez-vous envie qu'on se raille partout de vous? (3)

5 MONSIEUR JOURDAIN. — Il n'y a que des sots et des sottes, ma femme, qui se railleront de moi.

MADAME JOURDAIN. — Vraiment, on n'a pas attendu jusqu'à cette heure, et il y a longtemps que vos façons de faire donnent à rire à tout le monde.

10 MONSIEUR JOURDAIN. — Qui est donc tout ce monde-là, s'il vous plaît?

MADAME JOURDAIN. — Tout ce monde-là est un monde qui a raison et qui est plus sage que vous. Pour moi, je suis scandalisée de la vie que vous menez. Je ne sais plus ce que c'est que 15 notre maison. On dirait qu'il est céans[2] carême-prenant[3] tous les jours; et dès le matin, de peur d'y manquer, on y entend des vacarmes de violons ou de chanteurs dont tout le voisinage se trouve incommodé.

NICOLE. — Madame parle bien. Je ne saurais plus voir mon 20 ménage propre avec cet attirail de gens que vous faites venir chez vous. Ils ont des pieds qui vont chercher de la boue dans tous les quartiers de la ville pour l'apporter ici; et la pauvre Françoise est presque sur les dents à frotter les planchers que vos biaux maîtres viennent crotter régulièrement tous les 25 jours. (4)

MONSIEUR JOURDAIN. — Ouais, notre servante Nicole, vous avez le caquet bien affilé[4] pour une paysanne.

---

1. *Enharnacher* : accoutrer d'une façon grotesque, comme si on portait un harnais de cheval; 2. *Céans* : ici, dans la maison; 3. *Carême-prenant* (c'est-à-dire « quand le carême commence ») : le mardi gras, le carnaval. Le mot désigne aussi un homme déguisé comme au temps du carnaval; 4. *Affilé*. Avoir la langue affilée signifie « bavarder à tort et à travers »; le qualificatif passe ici au bavardage lui-même.

––––––– QUESTIONS –––––––

3. L'entrée de Madame Jourdain : relevez dans le ton et le vocabulaire ce qui la caractérise immédiatement.
4. Pourquoi la maîtresse et la servante sont-elles d'accord? Ont-elles les mêmes motifs de se plaindre?

MADAME JOURDAIN. — Nicole a raison, et son sens est meilleur que le vôtre. Je voudrais bien savoir ce que vous pensez
30 faire d'un maître à danser, à l'âge que vous avez?

NICOLE. — Et d'un grand maître tireur d'armes qui vient, avec ses battements de pieds, ébranler toute la maison, et nous déraciner tous les carriaux de notre salle.

MONSIEUR JOURDAIN. — Taisez-vous, ma servante, et ma
35 femme.

MADAME JOURDAIN. — Est-ce que vous voulez apprendre à danser pour quand vous n'aurez plus de jambes?

NICOLE. — Est-ce que vous avez envie de tuer quelqu'un?

MONSIEUR JOURDAIN. — Taisez-vous, vous dis-je; vous êtes
40 des ignorantes l'une et l'autre, et vous ne savez pas les prérogatives[1] de tout cela.

MADAME JOURDAIN. — Vous devriez bien plutôt songer à marier votre fille, qui est en âge d'être pourvue.

MONSIEUR JOURDAIN. — Je songerai à marier ma fille quand
45 il se présentera un parti pour elle; mais je veux songer aussi à apprendre les belles choses.

NICOLE. — J'ai encore ouï dire, madame, qu'il a pris aujourd'hui, pour renfort de potage, un maître de philosophie.

MONSIEUR JOURDAIN. — Fort bien. Je veux avoir de l'esprit,
50 et savoir raisonner des choses parmi les honnêtes gens.

MADAME JOURDAIN. — N'irez-vous point l'un de ces jours au collège vous faire donner le fouet, à votre âge?

MONSIEUR JOURDAIN. — Pourquoi non? Plût à Dieu l'avoir tout à l'heure[2], le fouet, devant tout le monde, et savoir ce
55 qu'on apprend au collège.

NICOLE. — Oui, ma foi, cela vous rendrait la jambe bien mieux faite[3].

MONSIEUR JOURDAIN. — Sans doute.

---

1. *Prérogatives* : avantages. Mot rare que Monsieur Jourdain a dû entendre dire par quelque personne de qualité; 2. *Tout à l'heure* : tout de suite; 3. Expression populaire pour signifier ironiquement qu'une chose est inutile. « Cela vous fait une belle jambe », dirait aujourd'hui Nicole.

MADAME JOURDAIN. — Tout cela est fort nécessaire pour
60 conduire votre maison. **(5)**

MONSIEUR JOURDAIN. — Assurément. Vous parlez toutes
deux comme des bêtes, et j'ai honte de votre ignorance.
(A Madame Jourdain.) Par exemple, savez-vous, vous, ce que
c'est que vous dites à cette heure?

65 MADAME JOURDAIN. — Oui, je sais que ce que je dis est fort
bien dit et que vous devriez songer à vivre d'autre sorte.

MONSIEUR JOURDAIN. — Je ne parle pas de cela. Je vous
demande ce que c'est que les paroles que vous dites ici?

MADAME JOURDAIN. — Ce sont des paroles bien sensées, et
70 votre conduite ne l'est guère.

MONSIEUR JOURDAIN. — Je ne parle pas de cela, vous dis-je.
Je vous demande : Ce que je parle avec vous, ce que je vous
dis à cette heure, qu'est-ce que c'est?

MADAME JOURDAIN. — Des chansons[1].

75 MONSIEUR JOURDAIN. — Hé non, ce n'est pas cela. Ce que
nous disons tous deux, le langage que nous parlons à cette
heure?

MADAME JOURDAIN. — Hé bien?

MONSIEUR JOURDAIN. — Comment est-ce que cela s'appelle?

80 MADAME JOURDAIN. — Cela s'appelle comme on veut l'appeler.

MONSIEUR JOURDAIN. — C'est de la prose, ignorante.

MADAME JOURDAIN. — De la prose?

MONSIEUR JOURDAIN. — Oui, de la prose. Tout ce qui est
prose n'est point vers; et tout ce qui n'est point vers n'est

---

1. *Chansons :* sornettes, propos sans intérêt.

─────── **QUESTIONS** ───────

5. Montrez que les deux femmes choisissent à dessein les critiques qui
peuvent provoquer la mauvaise humeur de Monsieur Jourdain. Pourquoi
Nicole se joint-elle encore ici à sa maîtresse, dans un domaine qui ne la
concerne pas directement? Qu'est-ce qui l'autorise à tenir tête à son
maître? — La conception de la vie familiale selon Madame Jourdain;
savions-nous jusqu'ici que Monsieur Jourdain est père de famille? —
Comment Monsieur Jourdain justifie-t-il la présence des maîtres qui
l'enseignent? Ses arguments sont-ils mauvais?

85 point prose (**6**). Heu! voilà ce que c'est d'étudier. *(A Nicole.)*
Et toi, sais-tu bien comment il faut faire pour dire un U?

NICOLE. — Comment?

MONSIEUR JOURDAIN. — Oui. Qu'est-ce que tu fais quand
tu dis un U?

90 NICOLE. — Quoi?

MONSIEUR JOURDAIN. — Dis un peu U, pour voir.

NICOLE. — Hé bien, U.

MONSIEUR JOURDAIN. — Qu'est-ce que tu fais?

NICOLE. — Je dis U.

95 MONSIEUR JOURDAIN. — Oui; mais, quand tu dis U, qu'est-ce
que tu fais?

NICOLE. — Je fais ce que vous me dites.

MONSIEUR JOURDAIN. — O l'étrange chose que d'avoir affaire
à des bêtes! Tu allonges les lèvres en dehors, et approches
100 la mâchoire d'en haut de celle d'en bas : U, vois-tu? Je fais
la moue : U.

NICOLE. — Oui, cela est biau.

MADAME JOURDAIN. — Voilà qui est admirable.

MONSIEUR JOURDAIN. — C'est bien autre chose, si vous aviez
105 vu O, et DA, DA, et FA, FA. (**7**)

MADAME JOURDAIN. — Qu'est-ce que c'est donc que tout
ce galimatias-là?

NICOLE. — De quoi est-ce que tout cela guérit?

MONSIEUR JOURDAIN. — J'enrage quand je vois des femmes
110 ignorantes.

MADAME JOURDAIN. — Allez, vous devriez envoyer promener
tous ces gens-là avec leurs fariboles.

———————— **QUESTIONS** ————————

6. L'effet comique de cette première leçon donnée par Monsieur Jourdain : pourquoi les deux femmes ne comprennent-elles pas la question?
Mauvaise volonté de leur part? stupidité? ou maladresse du « professeur »? — Que devient, dans la bouche de Monsieur Jourdain, la définition
de la prose et des vers qu'il a apprise? Comparez l'effet comique avec la
réplique d'Harpagon (« Il faut vivre pour manger », *l'Avare*, III, i).
7. Que pensez-vous de ce choix parmi les souvenirs qu'a gardés Monsieur Jourdain de sa leçon de phonétique?

NICOLE. — Et surtout ce grand escogriffe¹ de maître d'armes, qui remplit de poudre² tout mon ménage.

115 MONSIEUR JOURDAIN. — Ouais! ce maître d'armes vous tient fort au cœur. Je te veux faire voir ton impertinence tout à l'heure. *(Il fait apporter les fleurets et en donne un à Nicole.)* Tiens. Raison démonstrative. La ligne du corps. Quand on pousse en quarte, on n'a qu'à faire cela; et quand on pousse 120 en tierce, on n'a qu'à faire cela. Voilà le moyen de n'être jamais tué; et cela n'est-il pas beau d'être assuré de son fait, quand on se bat contre quelqu'un? Là, pousse-moi un peu pour voir.

NICOLE. — Hé bien, quoi? *(Nicole lui pousse plusieurs coups.)*

125 MONSIEUR JOURDAIN. — Tout beau³! Holà! oh! doucement! Diantre soit la coquine!

NICOLE. — Vous me dites de pousser.

MONSIEUR JOURDAIN. — Oui; mais tu me pousses en tierce avant que de pousser en quarte, et tu n'as pas la patience 130 que je pare. (8)

MADAME JOURDAIN. — Vous êtes fou, mon mari, avec toutes vos fantaisies, et cela vous est venu depuis que vous vous mêlez de hanter la noblesse.

MONSIEUR JOURDAIN. — Lorsque je hante la noblesse, je 135 fais paraître mon jugement : et cela est plus beau que de hanter votre bourgeoisie. (9)

MADAME JOURDAIN. — Çamon⁴ vraiment! Il y a fort à gagner à fréquenter vos nobles, et vous avez bien opéré avec ce beau monsieur le comte dont vous vous êtes embéguiné⁵...

140 MONSIEUR JOURDAIN. — Paix! Songez à ce que vous dites. Savez-vous bien, ma femme, que vous ne savez pas de qui vous parlez, quand vous parlez de lui? C'est une personne d'importance plus que vous ne pensez; un seigneur que l'on

---

1. *Escogriffe* : terme injurieux appliqué à des gens de grande taille et de mauvaise mine; 2. *Poudre* : poussière; 3. *Tout beau* : voir page 40, note 4; 4. *Çamon* : certainement (mot d'origine douteuse, peut être contraction et abrègement de « cela est mon avis »); 5. *S'embéguiner* : se mettre dans la tête. On dit aussi « être coiffé » de quelqu'un (voir *le Tartuffe*, vers 178).

━━━ QUESTIONS ━━━

8. Monsieur Jourdain a-t-il mieux tiré profit des leçons d'escrime que des leçons de grammaire? Quel genre de comique est ici employé?

9. Importance de ces deux dernières répliques pour la moralité de la comédie.

considère à la cour, et qui parle au roi tout comme je vous
145 parle. N'est-ce pas une chose qui m'est tout à fait honorable
que l'on voie venir chez moi si souvent une personne de cette
qualité qui m'appelle son cher ami et me traite comme si
j'étais son égal? Il a pour moi des bontés qu'on ne devinerait
jamais; et, devant tout le monde, il me fait des caresses[1] dont
150 je suis moi-même confus.

MADAME JOURDAIN. — Oui, il a des bontés pour vous et
vous fait des caresses, mais il vous emprunte votre argent.

MONSIEUR JOURDAIN. — Hé bien! ne m'est-ce pas de l'honneur de prêter de l'argent à un homme de cette condition-là[2]?
155 Et puis-je faire moins pour un seigneur qui m'appelle son
cher ami?

MADAME JOURDAIN. — Et ce seigneur, que fait-il pour vous?

MONSIEUR JOURDAIN. — Des choses dont on serait étonné
si on les savait. **(10)**

160 MADAME JOURDAIN. — Et quoi?

MONSIEUR JOURDAIN. — Baste[3], je ne puis pas m'expliquer.
Il suffit que, si je lui ai prêté de l'argent, il me le rendra bien,
et avant qu'il soit peu.

MADAME JOURDAIN. — Oui. Attendez-vous à cela.

165 MONSIEUR JOURDAIN. — Assurément. Ne me l'a-t-il pas dit?

MADAME JOURDAIN. — Oui, oui, il ne manquera pas d'y
faillir[4].

MONSIEUR JOURDAIN. — Il m'a juré sa foi de gentilhomme.

MADAME JOURDAIN. — Chansons!

170 MONSIEUR JOURDAIN. — Ouais! vous êtes bien obstinée, ma
femme; je vous dis qu'il me tiendra parole, j'en suis sûr.

MADAME JOURDAIN. — Et moi, je suis sûre que non, et que
toutes les caresses qu'il vous fait ne sont que pour vous enjôler.

MONSIEUR JOURDAIN. — Taisez-vous. Le voici.

---

1. *Caresses :* flatteries; **2.** Le mot *condition* évoque le rang social et moral, tandis
que *homme de qualité* ne précise que la noblesse de naissance; **3.** *Baste :* suffit (mot
du langage populaire); **4.** Il ne manquera pas d'y ... manquer, ce qui forme un
dicton ironique.

■ QUESTIONS

10. Le portrait de Dorante : que savait-on déjà de lui? Qu'en sait-
on maintenant? Comparez l'attitude de Monsieur Jourdain à celle d'Orgon
à l'égard de Tartuffe.

175 MADAME JOURDAIN. — Il ne nous faut plus que cela. Il vient peut-être encore vous faire quelque emprunt; et il me semble que j'ai dîné[1], quand je le vois.

MONSIEUR JOURDAIN. — Taisez-vous, vous dis-je. (11) (12)

Scène IV. — DORANTE, MONSIEUR JOURDAIN, MADAME JOURDAIN, NICOLE.

DORANTE. — Mon cher ami, monsieur Jourdain[2], comment vous portez-vous?

MONSIEUR JOURDAIN. — Fort bien, monsieur, pour vous rendre mes petits services.

5 DORANTE. — Et madame Jourdain que voilà, comment se porte-t-elle?

MADAME JOURDAIN. — Madame Jourdain se porte comme elle peut.

DORANTE. — Comment! monsieur Jourdain, vous voilà le
10 plus propre[3] du monde!

MONSIEUR JOURDAIN. — Vous voyez.

DORANTE. — Vous avez tout à fait bon air avec cet habit, et nous n'avons point de jeunes gens à la cour qui soient mieux faits que vous.

15 MONSIEUR JOURDAIN. — Hai! Hai!

MADAME JOURDAIN, *à part.* — Il le gratte par où il se démange.

---

1. Expression populaire : sa vue me coupe l'appétit; 2. Il n'est pas poli d'appeler les gens par leur nom, sauf si on est d'une condition supérieure à la leur; Dorante marque ainsi la distance entre Monsieur Jourdain et lui; 3. *Propre :* bien mis.

——— **QUESTIONS** ———————

11. L'effet comique de cette fin de scène : quel pari est engagé entre le mari et la femme? Comment est mis en éveil l'intérêt du spectateur?

12. SUR L'ENSEMBLE DE LA SCÈNE III. — Composition de cette scène : sous quel jour nouveau fait-elle apparaître tout ce qu'on a vu jusqu'ici dans les actes précédents?

— Si Monsieur Jourdain a des motifs légitimes de vouloir se cultiver et s'instruire, peut-on dire qu'il tire grand profit des leçons qu'il reçoit? Qu'en conclure?

— Faites le portrait de Madame Jourdain : son caractère, son langage.

— Le rôle de Nicole : comparez-le à celui de Dorine dans *le Tartuffe,* de Martine dans *les Femmes savantes* et de Toinette dans *le Malade imaginaire.* Quels sont ses sentiments à l'égard de Monsieur Jourdain? de Madame Jourdain? Étudiez son langage : y reste-t-il beaucoup de traces de son passé paysan?

DORANTE. — Tournez-vous. Cela est tout à fait galant.

MADAME JOURDAIN, *à part.* — Oui, aussi sot par derrière que par devant. (13)

20 DORANTE. — Ma foi, monsieur Jourdain, j'avais une impatience étrange de vous voir. Vous êtes l'homme du monde que j'estime le plus, et je parlais de vous encore ce matin dans la chambre du roi.

MONSIEUR JOURDAIN. — Vous me faites beaucoup d'honneur, 25 monsieur. *(A Madame Jourdain.)* Dans la chambre du roi!

DORANTE. — Allons, mettez[1]...

MONSIEUR JOURDAIN. — Monsieur, je sais le respect que je vous dois.

DORANTE. — Mon Dieu, mettez; point de cérémonie entre 30 nous, je vous prie.

MONSIEUR JOURDAIN. — Monsieur...

DORANTE. — Mettez, vous dis-je, monsieur Jourdain; vous êtes mon ami.

MONSIEUR JOURDAIN. — Monsieur, je suis votre serviteur.

35 DORANTE. — Je ne me couvrirai point, si vous ne vous couvrez.

MONSIEUR JOURDAIN, *se couvrant.* — J'aime mieux être incivil qu'importun[2]. (14)

DORANTE. — Je suis votre débiteur, comme vous le savez.

MADAME JOURDAIN, *à part.* — Oui, nous ne le savons que trop.

40 DORANTE. — Vous m'avez généreusement prêté de l'argent en plusieurs occasions, et vous m'avez obligé de la meilleure grâce du monde, assurément.

MONSIEUR JOURDAIN. — Monsieur, vous vous moquez.

DORANTE. — Mais je sais rendre ce qu'on me prête, et recon-45 naître les plaisirs qu'on me fait.

---

1. Mettez votre chapeau; 2. Formule de politesse bourgeoise dont la forme banale et traditionnelle doit choquer Dorante.

──────── QUESTIONS ────────

13. L'entrée de Dorante : sa civilité n'est-elle pas équivoque? Un « honnête homme » se mettrait-il dans le cas de reparaître chez quelqu'un où il est ainsi reçu par la maîtresse de maison?

14. Y a-t-il seulement un comique de geste dans cet assaut de courtoisie? Où réside la satire sociale?

MONSIEUR JOURDAIN. — Je n'en doute point, monsieur.

DORANTE. — Je veux sortir d'affaire[1] avec vous, et je viens ici pour faire nos comptes ensemble.

MONSIEUR JOURDAIN, *bas à Mᵐᵉ Jourdain*. — Hé bien! vous
50 voyez votre impertinence, ma femme.

DORANTE. — Je suis homme qui aime à m'acquitter le plus tôt que je puis.

MONSIEUR JOURDAIN, *bas à Mᵐᵉ Jourdain*. — Je vous le disais bien.

55 DORANTE. — Voyons un peu ce que je vous dois.

MONSIEUR JOURDAIN, *bas à Mᵐᵉ Jourdain*. — Vous voilà, avec vos soupçons ridicules.

DORANTE. — Vous souvenez-vous bien de tout l'argent que vous m'avez prêté?

60 MONSIEUR JOURDAIN. — Je crois que oui. J'en ai fait un petit mémoire. Le voici. Donné à vous une fois deux cents louis[2].

DORANTE. — Cela est vrai.

MONSIEUR JOURDAIN. — Une autre fois, six-vingts[3].

65 DORANTE. — Oui.

MONSIEUR JOURDAIN. — Et une fois, cent quarante.

DORANTE. — Vous avez raison.

MONSIEUR JOURDAIN. — Ces trois articles font quatre cent soixante louis, qui valent cinq mille soixante livres.

70 DORANTE. — Le compte est fort bon. Cinq mille soixante livres.

MONSIEUR JOURDAIN. — Mille huit cent trente-deux livres à votre plumassier.

DORANTE. — Justement.

75 MONSIEUR JOURDAIN. — Deux mille sept cent quatre-vingts livres à votre tailleur.

DORANTE. — Il est vrai.

---

1. *Sortir d'affaire* : régler les comptes ; 2. *Louis* : monnaie d'or qui valait onze livres ; 3. *Six-vingts* : cent vingt (vestige de la numération par vingtième qui ne subsiste plus aujourd'hui que dans « quatre-vingts »).

MONSIEUR JOURDAIN. — Quatre mille trois cent septante-neuf livres douze sols huit deniers[1] à votre marchand[2].

80 DORANTE. — Fort bien. Douze sols huit deniers; le compte est juste.

MONSIEUR JOURDAIN. — Et mille sept cent quarante-huit livres sept sols quatre deniers à votre sellier.

DORANTE. — Tout cela est véritable. Qu'est-ce que cela fait?

85 MONSIEUR JOURDAIN. — Somme totale, quinze mille huit cents livres. (15)

DORANTE. — Somme totale est juste : quinze mille huit cents livres. Mettez encore deux cents pistoles que vous m'allez donner, cela fera justement dix-huit mille francs, que je vous

90 payerai au premier jour. (16)

MADAME JOURDAIN, *bas à M. Jourdain*. — Hé bien, ne l'avais-je pas bien deviné?

MONSIEUR JOURDAIN, *bas à M*me *Jourdain*. — Paix!

DORANTE. — Cela vous incommodera-t-il de me donner ce

95 que je vous dis?

MONSIEUR JOURDAIN. — Eh, non!

MADAME JOURDAIN, *bas à M. Jourdain*. — Cet homme-là fait de vous une vache à lait.

MONSIEUR JOURDAIN, *bas à M*me *Jourdain*. — Taisez-vous!

100 DORANTE. — Si cela vous incommode, j'en[3] irai chercher ailleurs.

MONSIEUR JOURDAIN. — Non, monsieur.

MADAME JOURDAIN, *bas à M. Jourdain*. — Il ne sera pas content qu'il ne vous ait ruiné.

---

1. Le *sol* ou *sou* est la vingtième partie du franc, le *denier*, la douzième partie du sol. Quant au *franc*, il est équivalent de la livre, puisqu'il valait vingt sols comme elle; 2. *Marchand* : sans doute marchand de drap. Les marchands drapiers constituaient une des corporations les plus actives et les plus importantes, d'où l'habitude de les désigner par ce terme général. Dans *Dom Juan*, Monsieur Dimanche est aussi un « marchand »; 3. J'irai chercher de l'argent; emploi plus souple qu'aujourd'hui du pronom *en*.

--- **QUESTIONS** ---

15. La double personnalité de Monsieur Jourdain : comment le marchand reparaît-il très vite sous le « gentilhomme »? Dans quelle réplique apparaît cette dualité?

16. L'effet produit par cette courte réplique : quel contraste fait-elle avec l'énumération précédente? En quoi est-ce un tournant dans la scène?

105 MONSIEUR JOURDAIN, *bas à Mme Jourdain.* — Taisez-vous, vous dis-je.

DORANTE. — Vous n'avez qu'à me dire si cela vous embarrasse.

MONSIEUR JOURDAIN. — Point, monsieur.

MADAME JOURDAIN, *bas à M. Jourdain.* — C'est un vrai
110 enjôleux[1].

MONSIEUR JOURDAIN, *bas à Mme Jourdain.* — Taisez-vous donc.

MADAME JOURDAIN, *bas à M. Jourdain.* — Il vous sucera jusqu'au dernier sou.

115 MONSIEUR JOURDAIN, *bas à Mme Jourdain.* — Vous tairez-vous?

DORANTE. — J'ai force gens qui m'en prêteraient avec joie; mais, comme vous êtes mon meilleur ami, j'ai cru que je vous ferais tort si j'en demandais à quelque autre.

120 MONSIEUR JOURDAIN. — C'est trop d'honneur, monsieur, que vous me faites. Je vais querir[2] votre affaire. **(17)**

MADAME JOURDAIN, *bas à M. Jourdain.* — Quoi! vous allez encore lui donner cela?

MONSIEUR JOURDAIN, *bas à Mme Jourdain.* — Que faire?
125 Voulez-vous que je refuse un homme de cette condition-là, qui a parlé de moi ce matin dans la chambre du roi? **(18)**

MADAME JOURDAIN, *bas à M. Jourdain.* — Allez, vous êtes une vraie dupe. **(19)**

---

1. *Enjôleux* ou *enjôleur* : celui qui trompe par des paroles flatteuses; 2. Je vais chercher votre argent. Le langage du commerçant transparaît à travers l'expression.

QUESTIONS
---

17. Comparez l'attitude des trois personnages à ce qu'elle était dans la première partie de la scène : quel changement s'est produit? Étudiez en particulier le rôle de Dorante : soupçonne-t-il la déconvenue de Monsieur Jourdain et l'hostilité de sa femme? De quelle menace use-t-il?

18. Cet argument peut-il convaincre Madame Jourdain? N'est-ce pas aussi pour Monsieur Jourdain un moyen de se convaincre lui-même?

19. Sur l'ensemble de la scène IV. — Composition de la scène : étudiez le mécanisme qui permet le renversement de l'action. En tenant compte de la curiosité du spectateur au début de la scène, par quels sentiments celui-ci passe-t-il successivement?

— Le personnage de Dorante : son habileté. Comparez son attitude à celle de Dom Juan face à Monsieur Dimanche (*Dom Juan*, IV, III). Les contemporains de Molière étaient-ils surpris de voir un « comte » — à supposer qu'il soit authentique — criblé de dettes?

SCÈNE V. — DORANTE, MADAME JOURDAIN, NICOLE.

DORANTE. — Vous me semblez toute mélancolique[1]. Qu'avez-vous, madame Jourdain?

MADAME JOURDAIN. — J'ai la tête plus grosse que le poing, et si[2] elle n'est pas enflée.

5 DORANTE. — Mademoiselle votre fille, où est-elle, que je ne la vois point?

MADAME JOURDAIN. — Mademoiselle ma fille est bien où elle est.

DORANTE. — Comment se porte-t-elle?

10 MADAME JOURDAIN. — Elle se porte sur ses deux jambes.

DORANTE. — Ne voulez-vous point un de ces jours venir voir avec elle le ballet et la comédie que l'on fait chez le roi?

MADAME JOURDAIN. — Oui vraiment, nous avons fort envie de rire, fort envie de rire nous avons.

15 DORANTE. — Je pense, madame Jourdain, que vous avez eu bien des amants[3] dans votre jeune âge, belle et d'agréable humeur comme vous étiez.

MADAME JOURDAIN. — Tredame[4]! monsieur, est-ce que madame Jourdain est décrépite, et la tête lui grouille[5]-t-elle 20 déjà?

DORANTE. — Ah! ma foi, madame Jourdain, je vous demande pardon. Je ne songeais pas que vous êtes jeune, et je rêve[6] le plus souvent. Je vous prie d'excuser mon impertinence. (20)

---

1. *Mélancolique* : d'humeur sombre; 2. *Et si* : et pourtant; 3. *Amants* : soupirants; 4. *Tredame* : renforcement de *dame* par l'adverbe *très*. L'expression est très familière; 5. *Grouiller* : se remuer, trembler; le mot est également populaire; 6. *Rêver* : être distrait.

QUESTIONS

---

20. SUR LA SCÈNE V. — Comment Molière tire-t-il parti de cette scène de transition? La « gaffe » de Dorante : est-elle due vraiment à sa distraction? ou à la gêne que provoque en lui l'attitude rébarbative de Madame Jourdain? Ne pourrait-elle aussi être volontaire? — Le ton de Madame Jourdain : quelle influence sa mauvaise humeur a-t-elle sur son langage?

Scène VI. — MONSIEUR JOURDAIN, MADAME JOURDAIN, DORANTE, NICOLE.

MONSIEUR JOURDAIN, *à Dorante*. — Voilà deux cents louis bien comptés.

DORANTE. — Je vous assure, monsieur Jourdain, que je suis tout à vous, et que je brûle de vous rendre un service
5 à la cour.

MONSIEUR JOURDAIN. — Je vous suis trop obligé.

DORANTE. — Si madame Jourdain veut voir le divertissement royal[1], je lui ferai donner les meilleures places de la salle.

MADAME JOURDAIN. — Madame Jourdain vous baise les
10 mains[2]. **(21)**

DORANTE, *bas à M. Jourdain*. — Notre belle marquise, comme je vous ai mandé par mon billet, viendra tantôt ici pour le ballet et le repas; et je l'ai fait consentir enfin au cadeau[3] que vous lui voulez donner.

15 MONSIEUR JOURDAIN. — Tirons-nous un peu plus loin, pour cause.

DORANTE. — Il y a huit jours que je ne vous ai vu, et je ne vous ai point mandé de nouvelles du diamant que vous me mîtes entre les mains pour lui en faire présent de votre part :
20 mais c'est que j'ai eu toutes les peines du monde à vaincre son scrupule, et ce n'est que d'aujourd'hui qu'elle s'est résolue à l'accepter.

MONSIEUR JOURDAIN. — Comment l'a-t-elle trouvé?

DORANTE. — Merveilleux; et je me trompe fort, ou la beauté
25 de ce diamant fera pour vous sur son esprit un effet admirable.

MONSIEUR JOURDAIN. — Plût au ciel!

MADAME JOURDAIN, *à Nicole*. — Quand il est une fois avec lui, il ne peut le quitter.

DORANTE. — Je lui ai fait valoir comme il faut la richesse
30 de ce présent et la grandeur de votre amour.

---

1. C'est le titre même du *Bourgeois gentilhomme*; 2. Formule qui permet de prendre congé, mais aussi d'exprimer un remerciement ou, ironiquement, un refus (cf. : « Je suis votre serviteur »); 3. *Cadeau* : collation, fête ou divertissement offert à des dames.

— **QUESTIONS** —

21. Dorante s'engage-t-il beaucoup à l'égard de Monsieur Jourdain? Pourquoi renouvelle-t-il son invitation à Madame Jourdain?

MONSIEUR JOURDAIN. — Ce sont, monsieur, des bontés qui m'accablent; et je suis dans une confusion la plus grande du monde de voir une personne de votre qualité s'abaisser pour moi à ce que vous faites.

35 DORANTE. — Vous moquez-vous? Est-ce qu'entre amis on s'arrête à ces sortes de scrupules? Et ne feriez-vous pas pour moi la même chose, si l'occasion s'en offrait?

MONSIEUR JOURDAIN. — Oh! assurément, et de très grand cœur.

40 MADAME JOURDAIN, *à Nicole*. — Que sa présence me pèse sur les épaules!

DORANTE. — Pour moi, je ne regarde rien, quand il faut servir un ami; et, lorsque vous me fîtes confidence de l'ardeur que vous aviez prise pour cette marquise agréable chez qui 45 j'avais commerce[1], vous vîtes que d'abord je m'offris de moi-même à servir votre amour.

MONSIEUR JOURDAIN. — Il est vrai, ce sont des bontés qui me confondent.

MADAME JOURDAIN, *à Nicole*. — Est-ce qu'il ne s'en ira point!

50 NICOLE. — Ils se trouvent bien ensemble.

DORANTE. — Vous avez pris le bon biais pour toucher son cœur. Les femmes aiment surtout les dépenses qu'on fait pour elles; et vos fréquentes sérénades, et vos bouquets continuels, ce superbe feu d'artifice qu'elle trouva sur l'eau, le diamant 55 qu'elle a reçu de votre part, et le cadeau que vous lui préparez, tout cela lui parle bien mieux en faveur de votre amour que toutes les paroles que vous auriez pu lui dire vous-même. (22)

MONSIEUR JOURDAIN. — Il n'y a point de dépenses que je ne fisse, si par là je pouvais trouver le chemin de son cœur. 60 Une femme de qualité a pour moi des charmes ravissants, et c'est un honneur que j'achèterais au prix de toute chose. (23)

---

1. J'étais en relation.

─────── **QUESTIONS** ───────

22. Sur quel personnage l'attention du spectateur est-elle maintenant attirée? Avions-nous jusqu'ici beaucoup de renseignements sur la marquise? Comment Molière complète-t-il adroitement l'exposition sur ce point?

23. Étudiez cette réplique de Monsieur Jourdain : à quoi reconnaît-on le marchand? Est-ce par amour qu'il courtise Dorimène?

MADAME JOURDAIN, *à Nicole.* — Que peuvent-ils tant dire ensemble? Va-t'en un peu tout doucement prêter l'oreille.

DORANTE. — Ce sera tantôt que vous jouirez à votre aise
65 du plaisir de sa vue, et vos yeux auront tout le temps de se satisfaire.

MONSIEUR JOURDAIN. — Pour être en pleine liberté, j'ai fait en sorte que ma femme ira dîner chez ma sœur, où elle passera toute l'après-dînée.

70 DORANTE. — Vous avez fait prudemment, et votre femme aurait pu nous embarrasser. J'ai donné pour vous l'ordre qu'il faut au cuisinier, et à toutes les choses[1] qui sont nécessaires pour le ballet. Il est de mon invention, et, pourvu que l'exécution puisse répondre à l'idée, je suis sûr qu'il sera trouvé...

75 MONSIEUR JOURDAIN *s'aperçoit que Nicole écoute, et lui donne un soufflet.* — Ouais! vous êtes bien impertinente! *(A Dorante.)* Sortons, s'il vous plaît. (24) (25)

Scène VII. — MADAME JOURDAIN, NICOLE.

NICOLE. — Ma foi, madame, la curiosité m'a coûté quelque chose; mais je crois qu'il y a quelque anguille sous roche, et ils parlent de quelque affaire où ils ne veulent pas que vous soyez.

5 MADAME JOURDAIN. — Ce n'est pas d'aujourd'hui, Nicole, que j'ai conçu des soupçons de mon mari. Je suis la plus trompée du monde[2], ou il y a quelque amour en campagne, et je travaille à découvrir ce que ce peut être. Mais songeons à ma fille. Tu sais l'amour que Cléonte a pour elle. C'est un homme
10 qui me revient, et je veux aider sa recherche[3], et lui donner Lucile, si je puis.

---

1. Et pour toutes les choses. Les deux compléments (de personne et de chose) introduits par la préposition *à* n'ont pas la même valeur; 2. Je me trompe fort; 3. *Recherche :* le fait pour un jeune homme de rechercher une jeune fille en mariage.

--- **QUESTIONS** ---
24. Comprend-on maintenant pourquoi Nicole et Madame Jourdain sont restées en scène?
25. Sur l'ensemble de la scène vi. — Le comique de situation : imaginez les jeux de scène et les attitudes des quatre personnages, deux par deux, pendant tout ce dialogue.
— Quelle partie de l'intrigue progresse ici? Comment le rôle d'intermédiaire joué par Dorante peut-il se justifier?
— Monsieur Jourdain amoureux : semble-t-il accorder beaucoup d'importance à la personne même de la marquise?

NICOLE. — En vérité, madame, je suis la plus ravie du monde
de vous voir dans ces sentiments : car, si le maître vous revient,
le valet ne me revient pas moins, et je souhaiterais que notre
15 mariage se pût faire à l'ombre du leur.

MADAME JOURDAIN. — Va-t'en lui parler de ma part, et lui
dire que tout à l'heure[1] il me vienne trouver pour faire ensemble
à mon mari la demande de ma fille.

NICOLE. — J'y cours, madame, avec joie, et je ne pouvais
20 recevoir une commission plus agréable. (Seule.) Je vais, je
pense, bien réjouir[2] les gens. (26)

Scène VIII. — CLÉONTE, COVIELLE, NICOLE.

NICOLE, à Cléonte. — Ah! vous voilà tout à propos. Je suis
ambassadrice de joie, et je viens...

CLÉONTE. — Retire-toi, perfide, et ne me viens point amuser
avec tes traîtresses paroles.

5 NICOLE. — Est-ce ainsi que vous recevez...

CLÉONTE. — Retire-toi, te dis-je, et va-t'en dire de ce pas
à ton infidèle maîtresse qu'elle n'abusera de sa vie le trop simple
Cléonte.

NICOLE. — Quel vertigo[3] est-ce donc là? Mon pauvre Covielle,
10 dis-moi un peu ce que cela veut dire.

COVIELLE. — Ton pauvre Covielle, petite scélérate! Allons,
vite, ôte-toi de mes yeux, vilaine, et me laisse en repos.

NICOLE. — Quoi! tu me viens aussi...

COVIELLE. — Ote-toi de mes yeux, te dis-je, et ne me parle
15 de ta vie.

NICOLE, à part. — Ouais! Quelle mouche les a piqués tous
deux? Allons de cette belle histoire informer ma maîtresse. (27)

---

1. Tout à l'heure : voir page 60, note 2; 2. Réjouir : donner de la joie à; 3. Vertigo :
folie, caprice. Le mot est du langage burlesque.

──── QUESTIONS ────

26. SUR LA SCÈNE VII. — Quel nouveau problème surgit ici? A-t-on
beaucoup parlé jusqu'ici du mariage de Nicole? Pourquoi le moment
est-il bien choisi pour nous montrer Madame Jourdain se décider brusquement à hâter le mariage de sa fille avec Cléonte? Dans quel cadre traditionnel s'intègre ici l'action de la comédie?
27. SUR LA SCÈNE VIII. — Une péripétie imprévue : le spectateur est-il
très inquiet de voir déjà en danger un projet de mariage qui lui semblait
sympathique?

Scène IX. — CLÉONTE, COVIELLE.

CLÉONTE. — Quoi! traiter un amant de la sorte? et un amant le plus fidèle et le plus passionné de tous les amants?

COVIELLE. — C'est une chose épouvantable que ce qu'on nous fait à tous deux.

5 CLÉONTE. — Je fais voir pour une personne toute l'ardeur et toute la tendresse qu'on peut imaginer; je n'aime rien au monde qu'elle, et je n'ai qu'elle dans l'esprit; elle fait tous mes soins, tous mes désirs, toute ma joie; je ne parle que d'elle, je ne pense qu'à elle, je ne fais des songes que d'elle, je ne respire 10 que par elle, mon cœur vit tout en elle : et voilà de tant d'amitié[1] la digne récompense! Je suis deux jours sans la voir, qui sont pour moi deux siècles effroyables; je la rencontre par hasard; mon cœur à cette vue se sent tout transporté, ma joie éclate sur mon visage; je vole avec ravissement vers elle; et 15 l'infidèle détourne de moi ses regards et passe brusquement comme si de sa vie elle ne m'avait vu! **(28)**

COVIELLE. — Je dis les mêmes choses que vous.

CLÉONTE. — Peut-on rien voir d'égal, Covielle, à cette perfidie de l'ingrate Lucile?

20 COVIELLE. — Et à celle, monsieur, de la pendarde de Nicole?

CLÉONTE. — Après tant de sacrifices ardents, de soupirs et de vœux que j'ai faits à ses charmes!

COVIELLE. — Après tant d'assidus hommages, de soins et de services que je lui ai rendus dans sa cuisine!

25 CLÉONTE. — Tant de larmes que j'ai versées à ses genoux!

COVIELLE. — Tant de seaux d'eau que j'ai tirés au puits pour elle!

CLÉONTE. — Tant d'ardeur que j'ai fait paraître à la chérir plus que moi-même!

30 COVIELLE. — Tant de chaleur que j'ai soufferte à tourner la broche à sa place!

CLÉONTE. — Elle me fuit avec mépris!

---

1. *Amitié* : amour, affection.

QUESTIONS

28. Étudiez le vocabulaire et le style de Cléonte; ses exagérations nuisent-elles à la sincérité de son sentiment? Quel contraste fait ce langage après celui qu'on a entendu jusqu'ici? Y a-t-il un motif grave à son dépit?

COVIELLE. — Elle me tourne le dos avec effronterie!

CLÉONTE. — C'est une perfidie digne des plus grands châti-
35 ments.

COVIELLE. — C'est une trahison à mériter mille soufflets. (29)

CLÉONTE. — Ne t'avise point, je te prie, de me parler jamais
pour elle.

COVIELLE. — Moi, monsieur? Dieu m'en garde!

40 CLÉONTE. — Ne viens point m'excuser l'action de cette infidèle.

COVIELLE. — N'ayez pas peur.

CLÉONTE. — Non, vois-tu, tous tes discours pour la défendre
ne serviront de rien.

COVIELLE. — Qui songe à cela?

45 CLÉONTE. — Je veux contre elle conserver mon ressentiment
et rompre ensemble[1] tout commerce.

COVIELLE. — J'y consens.

CLÉONTE. — Ce monsieur le comte qui va chez elle lui donne
peut-être dans la vue; et son esprit, je le vois bien, se laisse
50 éblouir à la qualité. Mais il me faut, pour mon honneur, pré-
venir l'éclat[2] de son inconstance. Je veux faire autant de pas
qu'elle au changement où je la vois courir et ne lui laisser
pas toute la gloire de me quitter.

COVIELLE. — C'est fort bien dit, et j'entre pour mon compte
55 dans tous vos sentiments.

CLÉONTE. — Donne la main[3] à mon dépit, et soutiens ma
résolution contre tous les restes d'amour qui me pourraient
parler pour elle. Dis-m'en, je t'en conjure, tout le mal que
tu pourras. Fais-moi de sa personne une peinture qui me la
60 rende méprisable; et marque-moi bien, pour m'en dégoûter,
tous les défauts que tu peux voir en elle. (30)

COVIELLE. — Elle, monsieur? Voilà une belle mijaurée[4],

---

1. *Ensemble :* l'un avec l'autre; 2. *Eclat :* scandale; 3. *Donner la main :* aider,
favoriser; 4. *Mijaurée :* femme sotte et vaniteuse.

─────── QUESTIONS ───────

29. L'effet comique développé ici : sur quel plan les répliques de
Covielle transposent-elles chacune des remarques de Cléonte?
30. Cléonte est-il très sûr d'avoir une bonne raison de garder rancune à
Lucile? Comment son imagination vient-elle au secours de son dépit?
Covielle prend-il l'attitude que Cléonte souhaitait lui voir prendre?

une pimpesouée¹ bien bâtie, pour vous donner tant d'amour!
Je ne lui vois rien que de très médiocre, et vous trouverez
65 cent personnes qui seront plus dignes de vous. Premièrement,
elle a les yeux petits.

CLÉONTE. — Cela est vrai, elle a les yeux petits, mais elle
les a pleins de feu, les plus brillants, les plus perçants du monde,
les plus touchants qu'on puisse voir.

70 COVIELLE. — Elle a la bouche grande.

CLÉONTE. — Oui; mais on y voit des grâces qu'on ne voit
point aux autres bouches; et cette bouche, en la voyant, inspire
des désirs, est la plus attrayante, la plus amoureuse du monde.

COVIELLE. — Pour sa taille, elle n'est pas grande.

75 CLÉONTE. — Non; mais elle est aisée et bien prise.

COVIELLE. — Elle affecte une nonchalance dans son parler
et dans ses actions.

CLÉONTE. — Il est vrai; mais elle a grâce à tout cela, et ses
manières sont engageantes, ont je ne sais quel charme à s'insi-
80 nuer dans les cœurs.

COVIELLE. — Pour de l'esprit...

CLÉONTE. — Ah! elle en a, Covielle, du plus fin, du plus
délicat.

COVIELLE. — Sa conversation...

85 CLÉONTE. — Sa conversation est charmante.

COVIELLE. — Elle est toujours sérieuse...

CLÉONTE. — Veux-tu de ces enjouements épanouis, de ces
joies toujours ouvertes? et vois-tu rien de plus impertinent
que des femmes qui rient à tout propos?

90 COVIELLE. — Mais enfin elle est capricieuse autant que personne au monde.

CLÉONTE. — Oui, elle est capricieuse, j'en demeure d'accord,
mais tout sied bien aux belles, on souffre tout des belles. (31)

---

1. *Pimpesouée* : coquette et douceureuse (terme familier aujourd'hui disparu).

— QUESTIONS —

31. Le nouvel effet comique utilisé ici : pourquoi Cléonte refuse-t-il
toutes les critiques présentées par Covielle? Comparez ce passage à la
tirade d'Éliante dans *le Misanthrope* (vers 711-730); quelle est la vérité
commune exprimée dans ces deux textes? D'après le portrait authentique
fait par Covielle à Cléonte, comment imaginez-vous Lucile?

COVIELLE. — Puisque cela va comme cela, je vois bien que
95 vous avez envie de l'aimer toujours.

CLÉONTE. — Moi, j'aimerais mieux mourir; et je vais la haïr
autant que je l'ai aimée.

COVIELLE. — Le moyen, si vous la trouvez si parfaite?

CLÉONTE. — C'est en quoi ma vengeance sera plus éclatante,
100 en quoi je veux faire mieux voir la force de mon cœur, à la
haïr, à la quitter, toute belle, toute pleine d'attraits, toute
aimable que je la trouve. La voici. **(32) (33)**

Scène X. — CLÉONTE, LUCILE, COVIELLE, NICOLE.

NICOLE, *à Lucile.* — Pour moi, j'en ai été toute scandalisée.

LUCILE. — Ce ne peut être, Nicole, que ce que je te dis.
Mais le voilà.

CLÉONTE, *à Covielle.* — Je ne veux pas seulement lui parler.

5 COVIELLE. — Je veux vous imiter.

LUCILE. — Qu'est-ce donc, Cléonte? qu'avez-vous?

NICOLE. — Qu'as-tu donc, Covielle?

LUCILE. — Quel chagrin vous possède?

NICOLE. — Quelle mauvaise humeur te tient?

10 LUCILE. — Êtes-vous muet, Cléonte?

NICOLE. — As-tu perdu la parole, Covielle?

CLÉONTE. — Que voilà qui est scélérat!

COVIELLE. — Que cela est Judas[1]!

LUCILE. — Je vois bien que la rencontre de tantôt a troublé
15 votre esprit.

CLÉONTE, *à Covielle.* — Ah! ah! on voit ce qu'on a fait.

---

1. *Judas :* traître et hypocrite. Allusion à Judas, qui trahit Jésus.

—— **QUESTIONS** ——

32. Croit-on aux tragiques déterminations de Cléonte ou au bon sens
de Covielle?

33. SUR L'ENSEMBLE DE LA SCÈNE IX. — Composition de cette scène :
quel rôle joue Covielle aux différents moments du dialogue?
— Prend-on au sérieux le dépit des deux personnages? Montrez que
sous son apparence de légèreté et d'inutilité, cette scène retient le spectateur par sa vérité psychologique.

NICOLE. — Notre accueil de ce matin t'a fait prendre la chèvre[1].

COVIELLE, *à Cléonte.* — On a deviné l'enclouure[2].

20   LUCILE. — N'est-il pas vrai, Cléonte, que c'est là le sujet de votre dépit? **(34)**

CLÉONTE. — Oui, perfide, ce l'est, puisqu'il faut parler; et j'ai à vous dire que vous ne triompherez pas comme vous pensez de votre infidélité, que je veux être le premier à rompre 25 avec vous, et que vous n'aurez pas l'avantage de me chasser. J'aurai de la peine sans doute à vaincre l'amour que j'ai pour vous; cela me causera des chagrins. Je souffrirai un temps; mais j'en viendrai à bout, et je me percerai plutôt le cœur que d'avoir la faiblesse de retourner à vous.

30   COVIELLE, *à Nicole.* — Queussi queumi[3].

LUCILE. — Voilà bien du bruit pour un rien. Je veux vous dire, Cléonte, le sujet qui m'a fait ce matin éviter votre abord. **(35)**

CLÉONTE, *voulant s'en aller pour éviter Lucile.* — Non, je ne 35 veux rien écouter.

NICOLE, *à Covielle.* — Je te veux apprendre la cause qui nous a fait passer si vite.

COVIELLE, *voulant aussi s'en aller pour éviter Nicole.* — Je ne veux rien entendre...

40   LUCILE, *suivant Cléonte.* — Sachez que ce matin...

CLÉONTE, *marchant toujours sans regarder Lucile.* — Non, vous dis-je.

NICOLE, *suivant Covielle.* — Apprends que...

COVIELLE, *marchant aussi sans regarder Nicole.* — Non, 45 traîtresse.

---

1. *Prendre la chèvre* : se cabrer, se fâcher; 2. *Enclouure* : blessure faite au pied d'un cheval par le clou d'un fer mal placé, d'où, au figuré : empêchement, difficulté; 3. *Queussi queumi* (quel soi, quel moi) : tel lui, tel moi (expression picarde).

— QUESTIONS —

34. Attendait-on cette arrivée de Lucile accompagnée de Nicole? Les deux femmes sont-elles, au début de la scène, tout à fait sûres que la rencontre du matin soit la cause de la mauvaise humeur de Cléonte et de Covielle? En quoi prennent-elles l'avantage quand leurs deux amoureux leur donnent la certitude qu'elles avaient deviné juste?

35. La différence de ton entre Cléonte et Lucile : que révèle-t-elle de leur caractère?

LUCILE. — Écoutez.

CLÉONTE. — Point d'affaire.

NICOLE. — Laisse-moi dire.

COVIELLE. — Je suis sourd.

50 LUCILE. — Cléonte!

CLÉONTE. — Non.

NICOLE. — Covielle!

COVIELLE. — Point.

LUCILE. — Arrêtez.

55 CLÉONTE. — Chansons!

NICOLE. — Entends-moi.

COVIELLE. — Bagatelles!

LUCILE. — Un moment.

CLÉONTE. — Point du tout.

60 NICOLE. — Un peu de patience.

COVIELLE. — Tarare[1].

LUCILE. — Deux paroles.

CLÉONTE. — Non, c'en est fait.

NICOLE. — Un mot.

65 COVIELLE. — Plus de commerce. (36)

LUCILE, *s'arrêtant*. — Hé bien, puisque vous ne voulez pas m'écouter, demeurez dans votre pensée, et faites ce qu'il vous plaira.

NICOLE, *s'arrêtant aussi*. — Puisque tu fais comme cela, 70 prends-le tout comme tu voudras.

CLÉONTE, *se tournant vers Lucile*. — Sachons donc le sujet d'un si bel accueil.

LUCILE, *s'en allant à son tour pour éviter Cléonte*. — Il ne me plaît plus de le dire.

---

1. *Tarare* : point du tout (expression d'origine obscure, peut-être empruntée au refrain d'une chanson).

═══ QUESTIONS ═══

36. Pourquoi Cléonte et Covielle s'obstinent-ils dans leur bouderie, alors que Lucile allait tout expliquer? Quel aspect du dépit se révèle ici? Étudiez l'effet comique tiré du parallélisme dans les répliques des personnages pris deux par deux et dans les jeux de scène?

75   COVIELLE, *se tournant vers Nicole.* — Apprends-nous un peu cette histoire.

NICOLE, *s'en allant aussi pour éviter Covielle.* — Je ne veux plus, moi, te l'apprendre.

CLÉONTE, *suivant Lucile.* — Dites-moi...

80   LUCILE, *marchant toujours sans regarder Cléonte.* — Non, je ne veux rien dire.

COVIELLE, *suivant Nicole.* — Conte-moi...

NICOLE, *marchant aussi sans regarder Covielle.* — Non, je ne conte rien.

85   CLÉONTE. — De grâce...

LUCILE. — Non, vous dis-je.

COVIELLE. — Par charité.

NICOLE. — Point d'affaire.

CLÉONTE. — Je vous en prie.

90   LUCILE. — Laissez-moi.

COVIELLE. — Je t'en conjure.

NICOLE. — Ote-toi de là.

CLÉONTE. — Lucile!

LUCILE. — Non.

95   COVIELLE. — Nicole!

NICOLE. — Point.

CLÉONTE. — Au nom des dieux!...

LUCILE. — Je ne veux pas.

COVIELLE. — Parle-moi.

100   NICOLE. — Point du tout.

CLÉONTE. — Éclaircissez mes doutes.

LUCILE. — Non, je n'en ferai rien.

COVIELLE. — Guéris-moi l'esprit.

NICOLE. — Non, il ne me plaît pas. (37)

105   CLÉONTE. — Hé bien, puisque vous vous souciez si peu de me tirer de peine et de vous justifier du traitement indigne

———— **QUESTIONS** ————

37. Comment la situation se retourne-t-elle? D'où vient l'effet comique par rapport au moment précédent?

que vous avez fait à ma flamme, vous me voyez, ingrate, pour la dernière fois, et je vais loin de vous mourir de douleur et d'amour.

110 COVIELLE, *à Nicole*. — Et moi, je vais suivre ses pas.

LUCILE, *à Cléonte, qui veut sortir*. — Cléonte!

NICOLE, *à Covielle, qui veut sortir*. — Covielle!

CLÉONTE, *s'arrêtant*. — Eh?

COVIELLE, *s'arrêtant aussi*. — Plaît-il?

115 LUCILE. — Où allez-vous?

CLÉONTE. — Où je vous ai dit.

COVIELLE. — Nous allons mourir.

LUCILE. — Vous allez mourir, Cléonte?

CLÉONTE. — Oui, cruelle, puisque vous le voulez.

120 LUCILE. — Moi, je veux que vous mouriez?

CLÉONTE. — Oui, vous le voulez.

LUCILE. — Qui vous le dit?

CLÉONTE, *s'approchant de Lucile*. — N'est-ce pas le vouloir que de ne vouloir pas éclaircir mes soupçons?

125 LUCILE. — Est-ce ma faute? Et, si vous aviez voulu m'écouter, ne vous aurais-je pas dit que l'aventure dont vous vous plaigniez a été causée ce matin par la présence d'une vieille tante qui veut, à toute force, que la seule approche d'un homme déshonore une fille? qui perpétuellement nous sermonne sur

130 ce chapitre, et nous figure[1] tous les hommes comme des diables qu'il faut fuir?

NICOLE, *à Covielle*. — Voilà le secret de l'affaire.

CLÉONTE. — Ne me trompez-vous point, Lucile?

COVIELLE, *à Nicole*. — Ne m'en donnes-tu point à garder[2]?

135 LUCILE, *à Cléonte*. — Il n'est rien de plus vrai.

NICOLE, *à Covielle*. — C'est la chose comme elle est.

COVIELLE, *à Cléonte*. — Nous rendrons-nous à cela?

CLÉONTE. — Ah! Lucile, qu'avec un mot de votre bouche vous savez apaiser de choses dans mon cœur, et que facilement

140 on se laisse persuader aux personnes qu'on aime!

---

1. *Figurer* : représenter; 2. Ne m'en fais-tu pas accroire?

COVIELLE. — Qu'on est aisément amadoué par ces diantres d'animaux-là[1]! **(38) (39)**

Scène XI. — MADAME JOURDAIN, CLÉONTE, LUCILE, COVIELLE, NICOLE.

MADAME JOURDAIN. — Je suis bien aise de vous voir, Cléonte, et vous voilà tout à propos. Mon mari vient, prenez vite votre temps[2] pour lui demander Lucile en mariage.

CLÉONTE. — Ah! madame, que cette parole m'est douce et
5 qu'elle flatte mes désirs! Pouvais-je recevoir un ordre plus charmant, une faveur plus précieuse? **(40)**

Scène XII. — MONSIEUR JOURDAIN, MADAME JOURDAIN, CLÉONTE, LUCILE, COVIELLE, NICOLE.

CLÉONTE. — Monsieur, je n'ai voulu prendre personne pour vous faire une demande que je médite il y a longtemps. Elle me touche assez pour m'en charger moi-même; et, sans autre détour, je vous dirai que l'honneur d'être votre gendre est
5 une faveur glorieuse que je vous prie de m'accorder. **(41)**

MONSIEUR JOURDAIN. — Avant que de vous rendre réponse, monsieur, je vous prie de me dire si vous êtes gentilhomme.

---

1. C'est l'expression déjà utilisée par Arnolphe dans *l'Ecole des femmes* (vers 1579);
2. Saisissez vite le moment.

──────── **QUESTIONS** ────────

38. Comment Cléonte et Covielle reprennent-ils l'avantage? Les deux femmes ont-elles vraiment peur qu'ils mettent à exécution leur menace d'aller mourir? Quelle est cependant leur appréhension?

39. SUR L'ENSEMBLE DE LA SCÈNE X. — Étudiez le mécanisme de la situation appelée « dépit amoureux ». Comment Molière la développe-t-il ici en plusieurs phases successives?
— Comparez cette scène à la scène IV de l'acte II du *Tartuffe* et dites ce qui la rend beaucoup plus comique.
— Cette scène n'est pas plus utile à l'action que la scène parallèle du *Tartuffe;* pourquoi Molière l'introduit-il cependant? Quel intérêt y trouve le spectateur?

40. SUR LA SCÈNE XI. — Appréciez le ton et la franchise de langage des deux personnages : Madame Jourdain n'est-elle pas bien différente ici de ce qu'elle est devant Dorante ou devant son mari?

41. Cléonte connaît les travers de Monsieur Jourdain : prouvez-le et montrez son habileté.

CLÉONTE. — Monsieur, la plupart des gens sur cette question n'hésitent pas beaucoup. On tranche le mot[1] aisément. Ce nom
10 ne fait aucun scrupule à prendre, et l'usage aujourd'hui semble en autoriser le vol. Pour moi, je vous l'avoue, j'ai les sentiments sur cette matière un peu plus délicats. Je trouve que toute imposture est indigne d'un honnête homme, et qu'il y a de la lâcheté[2] à déguiser ce que le Ciel nous a fait naître, à se
15 parer aux yeux du monde d'un titre dérobé, à se vouloir donner pour ce qu'on n'est pas. Je suis né de parents, sans doute, qui ont tenu des charges honorables[3]. Je me suis acquis dans les armes l'honneur de six ans de services, et je me trouve assez de bien pour tenir dans le monde un rang assez passable;
20 mais avec tout cela je ne veux point me donner un nom où d'autres en ma place croiraient pouvoir prétendre, et je vous dirai franchement que je ne suis point gentilhomme. **(42)**

MONSIEUR JOURDAIN. — Touchez là[4], monsieur. Ma fille n'est pas pour vous. **(43)**

25 CLÉONTE. — Comment?

MONSIEUR JOURDAIN. — Vous n'êtes point gentilhomme, vous n'aurez pas ma fille.

MADAME JOURDAIN. — Que voulez-vous dire avec votre gentilhomme? Est-ce que nous sommes, nous autres, de la
30 côte de saint Louis[5]?

MONSIEUR JOURDAIN. — Taisez-vous, ma femme, je vous vois venir.

MADAME JOURDAIN. — Descendons-nous tous deux que de bonne bourgeoisie?

35 MONSIEUR JOURDAIN. — Voilà pas le coup de langue[6]!

MADAME JOURDAIN. — Et votre père n'était-il pas marchand aussi bien que le mien?

---

1. On décide hardiment de la question; 2. On commet en effet une *lâcheté* en trompant les autres et en se trahissant soi-même; 3. Cléonte semble donc appartenir à la bourgeoisie des fonctionnaires; 4. *Toucher là* : mettre sa main dans la main de l'autre pour conclure un accord; 5. De la plus vieille noblesse, descendante directe de Saint Louis; 6. *Le coup de langue* : la médisance.

———— QUESTIONS ————

42. Importance de cette tirade : la profonde maxime morale qui y est contenue. Pourquoi Molière attaque-t-il ceux qui usurpent des titres de noblesse?

43. Le comique de cette réplique : le ridicule de Monsieur Jourdain, surtout après la tirade précédente.

RAIMU dans le rôle de Monsieur Jourdain, en 1944.

MONSIEUR JOURDAIN. — Peste soit de la femme! Elle n'y a jamais manqué. Si votre père a été marchand, tant pis pour
40 lui; mais, pour le mien, ce sont des malavisés qui disent cela. Tout ce que j'ai à vous dire, moi, c'est que je veux avoir un gendre gentilhomme. (44)

MADAME JOURDAIN. — Il faut à votre fille un mari qui lui soit propre[1], et il vaut mieux pour elle un honnête homme
45 riche et bien fait qu'un gentilhomme gueux et mal bâti. (45)

NICOLE. — Cela est vrai. Nous avons le fils du gentilhomme de notre village qui est le plus grand malitorne[2] et le plus sot dadais que j'aie jamais vu.

MONSIEUR JOURDAIN, *à Nicole*. — Taisez-vous, impertinente!
50 vous vous fourrez toujours dans la conversation. J'ai du bien assez pour ma fille, je n'ai besoin que d'honneur, et je la veux faire marquise.

MADAME JOURDAIN. — Marquise!

MONSIEUR JOURDAIN. — Oui, marquise.

55 MADAME JOURDAIN. — Hélas! Dieu m'en garde!

MONSIEUR JOURDAIN. — C'est une chose que j'ai résolue.

MADAME JOURDAIN. — C'est une chose, moi, où je ne consentirai point. Les alliances avec plus grand que soi sont sujettes toujours à de fâcheux inconvénients. Je ne veux point qu'un
60 gendre puisse à ma fille reprocher ses parents, et qu'elle ait des enfants qui aient honte de m'appeler leur grand'maman. S'il fallait qu'elle me vînt visiter en équipage[3] de grand'dame, et qu'elle manquât par mégarde à saluer quelqu'un du quartier, on ne manquerait pas aussitôt de dire cent sottises. « Voyez-
65 vous, dirait-on, cette madame la marquise qui fait tant la glorieuse? C'est la fille de monsieur Jourdain, qui était trop heureuse, étant petite, de jouer à la madame avec nous : elle n'a pas toujours été si relevée que la voilà; et ses deux grands-pères vendaient du drap auprès de la porte Saint-Innocent[4].

1. Qui lui convient; 2. *Malitorne :* mal tourné; 3. *Equipage :* habillement, accoutrement; 4. La porte du cimetière des Saints-Innocents, situé dans le quartier des Halles, à Paris, où Molière est né.

──────── ● QUESTIONS ────────

44. D'où naît la mauvaise humeur de Monsieur Jourdain? N'est-il pas en train de commettre la tromperie qu'a condamnée justement Cléonte?

45. Le gendre idéal pour Madame Jourdain : ses trois qualités nécessaires. Comparez cette réplique à Dom Luis disant à son fils Dom Juan : « Je ferai plus d'état du fils d'un crocheteur qui serait honnête homme que du fils d'un monarque qui vivrait comme vous » (*Dom Juan*, IV, VI).

70 Ils ont amassé du bien à leurs enfants, qu'ils payent maintenant peut-être bien cher en l'autre monde, et l'on ne devient guère si riches à être honnêtes gens. » Je ne veux point tous ces caquets et je veux un homme, en un mot, qui m'ait obligation de ma fille, et à qui je puisse dire : « Mettez-vous là, mon gendre,
75 et dînez avec moi. » **(46)**

MONSIEUR JOURDAIN. — Voilà bien les sentiments d'un petit esprit, de vouloir demeurer toujours dans la bassesse[1]. Ne me répliquez pas davantage : ma fille sera marquise en dépit de tout le monde; et, si vous me mettez en colère, je la ferai
80 duchesse. **(47)**

SCÈNE XIII. — MADAME JOURDAIN, CLÉONTE, LUCILE, NICOLE, COVIELLE.

MADAME JOURDAIN. — Cléonte, ne perdez point courage encore. *(A Lucile.)* Suivez-moi, ma fille, et venez dire résolument à votre père que, si vous ne l'avez, vous ne voulez épouser personne. **(48)**

SCÈNE XIV. — CLÉONTE, COVIELLE.

COVIELLE. — Vous avez fait de belles affaires, avec vos beaux sentiments.

CLÉONTE. — Que veux-tu? J'ai un scrupule là-dessus que l'exemple ne saurait vaincre.

5 COVIELLE. — Vous moquez-vous, de le prendre sérieusement avec un homme comme cela? Ne voyez-vous pas qu'il est fou? et vous coûtait-il quelque chose de vous accommoder à ses chimères?

---

1. *Bassesse :* basse condition.

──── **QUESTIONS** ────

46. Les idées de Madame Jourdain sur le mariage : quelle est sa maxime fondamentale? Son caractère : montrez que son bon sens est un peu borné. Quelles précisions sont données ici sur le passé de la famille?

47. SUR L'ENSEMBLE DE LA SCÈNE XII. — Importance de cette scène pour l'action; à quelle situation assez traditionnelle arrive-t-on? Est-on vraiment inquiet des menaces de Monsieur Jourdain comme on l'est de celles d'Harpagon ou d'Orgon?

— Le désaccord entre Monsieur Jourdain et sa femme : en quoi s'opposent leurs conceptions de la vie sociale?

48. SUR LA SCÈNE XIII. — Comment se manifeste l'énergie de Madame Jourdain?

CLÉONTE. — Tu as raison; mais je ne croyais pas qu'il fallût
10 faire preuve de noblesse pour être gendre de monsieur Jourdain.

COVIELLE, *riant*. — Ah! ah! ah!

CLÉONTE. — De quoi ris-tu?

COVIELLE. — D'une pensée qui me vient pour jouer notre
homme et vous faire obtenir ce que vous souhaitez.

15 CLÉONTE. — Comment?

COVIELLE. — L'idée est tout à fait plaisante.

CLÉONTE. — Quoi donc?

COVIELLE. — Il s'est fait depuis peu une certaine mascarade[1]
qui vient le mieux du monde ici, et que je prétends faire entrer
20 dans une bourle[2] que je veux faire à notre ridicule. Tout cela
sent un peu sa comédie; mais, avec lui, on peut hasarder toute
chose, il n'y faut point chercher tant de façons, et il est homme
à y jouer son rôle à merveille, à donner aisément dans toutes
les fariboles qu'on s'avisera de lui dire. J'ai les acteurs, j'ai
25 les habits tout prêts, laissez-moi faire seulement.

CLÉONTE. — Mais apprends-moi...

COVIELLE. — Je vais vous instruire de tout; retirons-nous,
le voilà qui revient. (**49**)

SCÈNE XV. — MONSIEUR JOURDAIN, *seul*.

MONSIEUR JOURDAIN. — Que diable est-ce là? Ils[3] n'ont rien
que les grands seigneurs à me reprocher, et moi je ne vois rien
de si beau que de hanter les grands seigneurs; il n'y a qu'honneur et que civilité avec eux, et je voudrais qu'il m'eût coûté
5 deux doigts de la main et être né comte ou marquis.

SCÈNE XVI. — MONSIEUR JOURDAIN, UN LAQUAIS.

LAQUAIS. — Monsieur, voici monsieur le comte, et une dame
qu'il mène par la main.

---

1. Ceci est peut-être une allusion à *Monsieur de Pourceaugnac* (octobre 1669);
2. *Bourle* (de l'ital. *burla*) : plaisanterie (mot d'où est venu l'adjectif « burlesque »);
3. Monsieur Jourdain désigne sa femme et sa fille, peut-être aussi Cléonte.

——————— **QUESTIONS** ———————

49. SUR LA SCÈNE XIV. — Importance de cette scène pour l'action;
quel rôle traditionnel Covielle joue-t-il ici auprès de son maître déconfit?
— Le projet de Covielle n'est-il pas inattendu? Comment Molière
justifie-t-il, à l'usage du spectateur, la manière dont il fait évoluer l'action?

MONSIEUR JOURDAIN. — Hé! mon Dieu, j'ai quelques ordres à donner. Dis-leur que je vais venir ici tout à l'heure[1].

Scène XVII. — DORIMÈNE, DORANTE, LAQUAIS.

LAQUAIS. — Monsieur dit comme cela qu'il va venir ici tout à l'heure.

DORANTE. — Voilà qui est bien. **(50)**

Scène XVIII. — DORIMÈNE, DORANTE.

DORIMÈNE. — Je ne sais pas, Dorante; je fais encore ici[2] une étrange démarche de me laisser amener par vous dans une maison où je ne connais personne. **(51)**

DORANTE. — Quel lieu voulez-vous donc, madame, que mon
5 amour choisisse pour vous régaler, puisque, pour fuir l'éclat, vous ne voulez ni votre maison, ni la mienne?

DORIMÈNE. — Mais vous ne dites pas que je m'engage insensiblement chaque jour à recevoir de trop grands témoignages de votre passion? J'ai beau me défendre des choses, vous
10 fatiguez ma résistance et vous avez une civile opiniâtreté qui me fait venir doucement à tout ce qu'il vous plaît. Les visites fréquentes ont commencé; les déclarations sont venues ensuite, qui après elles ont traîné[3] les sérénades et les cadeaux[4], que les présents ont suivi. Je me suis opposée à tout cela, mais
15 vous ne vous rebutez point, et pied à pied vous gagnez mes résolutions[5]. Pour moi, je ne puis plus répondre de rien, et je crois qu'à la fin vous me feriez venir au mariage, dont je me suis tant éloignée.

DORANTE. — Ma foi, madame, vous y devriez déjà être.
20 Vous êtes veuve, et ne dépendez que de vous. Je suis maître de moi et vous aime plus que ma vie. A quoi tient-il que dès aujourd'hui vous ne fassiez tout mon bonheur?

---

1. *Tout à l'heure :* voir page 60, note 2; **2.** *Ici :* en ce moment; **3.** *Traîner :* ici, entraîner; **4.** *Cadeau :* voir page 71, note 3; **5.** Vous l'emportez sur mes résolutions.

--- **QUESTIONS** ---

50. SUR LES SCÈNES XV, XVI ET XVII. — Pourquoi Molière fait-il revenir Monsieur Jourdain après l'avoir fait sortir à la fin de la scène XIV? et pourquoi le fait-il sortir de nouveau? Quel artifice apparaît ici dans le mécanisme de l'action?

51. La première impression produite par Dorimène : quel est alors le sentiment du spectateur?

DORIMÈNE. — Mon Dieu, Dorante, il faut des deux parts
bien des qualités pour vivre heureusement ensemble; et les deux
25 plus raisonnables personnes du monde ont souvent peine à
composer une union dont ils soient satisfaits.

DORANTE. — Vous vous moquez, madame, de vous y figurer
tant de difficultés; et l'expérience que vous avez faite ne conclut
rien pour tous les autres.

30 DORIMÈNE. — Enfin j'en reviens toujours là. Les dépenses
que je vous vois faire pour moi m'inquiètent par deux raisons :
l'une, qu'elles m'engagent plus que je ne voudrais; et l'autre,
que je suis sûre, sans vous déplaire, que vous ne les faites point
que vous ne vous incommodiez; et je ne veux point cela.

35 DORANTE. — Ah! madame, ce sont des bagatelles, et ce n'est
pas par là...

DORIMÈNE. — Je sais ce que je dis; et entre autres le diamant
que vous m'avez forcé à prendre est d'un prix...

DORANTE. — Eh! madame, de grâce, ne faites point tant
40 valoir une chose que mon amour trouve indigne de vous,
et souffrez... Voici le maître du logis. **(52)**

SCÈNE XIX. — MONSIEUR JOURDAIN, DORIMÈNE, DORANTE.

MONSIEUR JOURDAIN, *après avoir fait deux révérences, se
trouvant trop près de Dorimène.* — Un peu plus loin, madame.

DORIMÈNE. — Comment?

MONSIEUR JOURDAIN. — Un pas, s'il vous plaît.

45 DORIMÈNE. — Quoi donc?

MONSIEUR JOURDAIN. — Reculez un peu pour la troisième.

DORANTE. — Madame, monsieur Jourdain sait son monde.

───────── **QUESTIONS** ─────────

52. SUR L'ENSEMBLE DE LA SCÈNE XVIII. — Les révélations inattendues
de cette scène : rappelez-vous l'entretien confidentiel de Dorante et de
Monsieur Jourdain à la scène VI de ce même acte III. A quel jeu se livre
Dorante? Qu'y a-t-il d'inquiétant dans le personnage? Son amour pour
Dorimène semble-t-il sincère?
— Le caractère de Dorimène : montrez que chacune de ses répliques
met en évidence un aspect de sa personnalité. Est-elle sympathique?
Connaissez-vous dans le théâtre de Molière d'autres caractères féminins
du même genre?

MONSIEUR JOURDAIN. — Madame, ce m'est une gloire bien
grande de me voir assez fortuné pour être si heureux que
10 d'avoir le bonheur que vous ayez eu la bonté de m'accorder
la grâce de me faire l'honneur de m'honorer de la faveur
de votre présence; et, si j'avais aussi le mérite pour mériter
un mérite comme le vôtre, et que le ciel... envieux de mon
bien... m'eût accordé... l'avantage de me voir digne... des... (53)

15 DORANTE. — Monsieur Jourdain, en voilà assez; madame
n'aime pas les grands compliments, et elle sait que vous êtes
homme d'esprit. *(Bas à Dorimène.)* C'est un bon bourgeois
assez ridicule, comme vous voyez, dans toutes ses manières.

DORIMÈNE, *de même.* — Il n'est pas malaisé de s'en apercevoir.

20 DORANTE, *haut.* — Madame, voilà le meilleur de mes amis.

MONSIEUR JOURDAIN. — C'est trop d'honneur que vous me
faites.

DORANTE. — Galant homme tout à fait.

DORIMÈNE. — J'ai beaucoup d'estime pour lui.

25 MONSIEUR JOURDAIN. — Je n'ai rien fait encore, madame,
pour mériter cette grâce.

DORANTE, *bas à M. Jourdain.* — Prenez bien garde, au moins,
à ne lui point parler du diamant que vous lui avez donné.

MONSIEUR JOURDAIN, *bas à Dorante.* — Ne pourrais-je pas
30 seulement lui demander comment elle le trouve?

DORANTE, *bas à M. Jourdain.* — Comment? gardez-vous-en
bien. Cela serait vilain[1] à vous; et, pour agir en galant homme,
il faut que vous fassiez comme si ce n'était pas vous qui lui
eussiez fait ce présent. *(Haut.)* Monsieur Jourdain, madame,
35 dit qu'il est ravi de vous voir chez lui.

DORIMÈNE. — Il m'honore beaucoup.

MONSIEUR JOURDAIN, *bas à Dorante.* — Que je vous suis
obligé, monsieur, de lui parler ainsi pour moi!

1. *Vilain :* vulgaire, digne d'un roturier (s'oppose à *galant homme*).

───── QUESTIONS ─────

53. Par comparaison avec la scène précédente, quel effet produit la
rentrée de Monsieur Jourdain? Pourquoi est-il plus grotesque encore
qu'à l'accoutumée? Comment se sert-il des leçons de savoir-vivre qu'il a
prises le matin même? Comparez cette réception à celle de Mariane pour
Harpagon dans *l'Avare* (III, v) : qu'y a-t-il de commun entre les deux
situations?

DORANTE, *bas à M. Jourdain.* — J'ai eu une peine effroyable
40 à la faire venir ici.

MONSIEUR JOURDAIN, *bas à Dorante.* — Je ne sais quelles
grâces vous en rendre.

DORANTE. — Il dit madame, qu'il vous trouve la plus belle
personne du monde.

45 DORIMÈNE. — C'est bien de la grâce qu'il me fait.

MONSIEUR JOURDAIN. — Madame, c'est vous qui faites les
grâces, et... **(54)**

DORANTE. — Songeons à manger. **(55)**

SCÈNE XX. — MONSIEUR JOURDAIN, DORIMÈNE, DORANTE, UN LAQUAIS.

LAQUAIS, *à M. Jourdain.* — Tout est prêt, monsieur.

DORANTE. — Allons donc nous mettre à table, et qu'on
fasse venir les musiciens.

*(Six cuisiniers qui ont préparé le festin dansent ensemble
et font le troisième intermède; après quoi ils apportent une
table couverte de plusieurs mets.)* **(56)**

―――――― QUESTIONS ――――――

54. Le comique de situation : comment Dorante doit-il mener son jeu
à l'égard de Dorimène? à l'égard de Monsieur Jourdain? Montrez
que la stupidité de Monsieur Jourdain ne rend pas à Dorante la tâche trop
difficile. Quelle est la réplique qui révèle le mieux la sotte naïveté de
Monsieur Jourdain?

55. SUR L'ENSEMBLE DE LA SCÈNE XIX. — Importance de cette scène pour
l'action; attendait-on depuis longtemps cette rencontre entre Monsieur
Jourdain et la « belle marquise »? Pourquoi est-elle plus comique encore
qu'on ne pouvait l'imaginer?

— Monsieur Jourdain amoureux : comment Molière adapte-t-il à son
personnage certains traits traditionnels du barbon amoureux?

56. SUR L'ENSEMBLE DE L'ACTE III. — Composition de cet acte : la
progression de l'action; le développement parallèle de deux problèmes
(l'intrigue de Monsieur Jourdain avec Dorimène, le mariage de Lucile).

— La comédie du dépit amoureux (scènes VIII et X) est-elle tout à fait
inutile? Comment connaîtrait-on Cléonte et Covielle si Molière n'avait
pas étoffé ainsi un peu leurs rôles?

— Monsieur Jourdain en famille : fait-il aussi bonne figure à l'acte III
qu'aux deux premiers actes? Comment ses ridicules s'accentuent-ils en
présence de ceux qui le narguent (Madame Jourdain, Nicole) ou qui le
dupent (Dorante)?

— Étudiez les personnages de Dorante et de Madame Jourdain.

ACTE IV

Scène première. — DORANTE, DORIMÈNE, MONSIEUR JOURDAIN, DEUX MUSICIENS, UNE MUSICIENNE, LAQUAIS.

DORIMÈNE. — Comment, Dorante, voilà un repas tout à fait magnifique[1]!

MONSIEUR JOURDAIN. — Vous vous moquez, madame, et je voudrais qu'il fût plus digne de vous être offert. (*Tous se*
5 *mettent à table.*)

DORANTE. — Monsieur Jourdain a raison, madame, de parler de la sorte, et il m'oblige de vous faire si bien les honneurs de chez lui. Je demeure d'accord avec lui que le repas n'est pas digne de vous. Comme c'est moi qui l'ai ordonné,
10 et que je n'ai pas sur cette matière les lumières de nos amis, vous n'avez pas ici un repas fort savant, et vous y trouverez des incongruités[2] de bonne chère et des barbarismes[3] de bon goût. Si Damis s'en était mêlé, tout serait dans les règles; il y aurait partout de l'élégance et de l'érudition, et il ne man-
15 querait pas de vous exagérer lui-même toutes les pièces du repas qu'il vous donnerait, et de vous faire tomber d'accord de sa haute capacité dans la science des bons morceaux; de vous parler d'un pain de rive[4], à biseau doré, relevé de croûte partout, croquant tendrement sous la dent; d'un vin à sève
20 veloutée, armé d'un vert qui n'est point trop commandant[5], d'un carré de mouton gourmandé de persil[6]; d'une longe de veau de rivière[7] longue comme cela, blanche, délicate, et qui sous les dents est une vraie pâte d'amande, de perdrix relevées d'un fumet surprenant; et, pour son opéra[8], d'une soupe à
25 bouillon perlé[9] soutenue d'un jeune gros dindon cantonné[10] de pigeonneaux et couronné d'oignons blancs mariés avec la

---

1. *Magnifique* : somptueux; 2. *Incongruité* : au propre, faute contre la grammaire; l'application de termes de grammaire à la cuisine faisait partie du jargon précieux; 3. *Barbarisme* : faute contre la pureté de la langue; 4. *Pain de rive* : pain cuit sur le bord du four, donc également de tous côtés; 5. Ayant un goût de vin nouveau (le vert) qui ne soit pas trop prononcé; 6. Deux sens possibles : dont le goût est corrigé par celui du four, ou rendu appétissant par le persil; 7. Veau de Normandie, élevé dans les prairies qui bordent la Seine ou d'autres rivières; 8. Comme chef-d'œuvre; 9. *Soupe à bouillon perlé* : bouillon de viande avec des tranches de pain (soupe) et qui, jeté dans l'eau froide, y forme comme des perles; 10. *Cantonné* : garni aux quatre coins (terme de blason).

chicorée[1]. Mais, pour moi, je vous avoue mon ignorance; et, comme monsieur Jourdain a fort bien dit, je voudrais que le repas fût plus digne de vous être offert. **(1)**

30 DORIMÈNE. — Je ne réponds à ce compliment qu'en mangeant comme je fais.

MONSIEUR JOURDAIN. — Ah! que voilà de belles mains!

DORIMÈNE. — Les mains sont médiocres, monsieur Jourdain; mais vous voulez parler du diamant, qui est fort beau.

35 MONSIEUR JOURDAIN. — Moi, madame! Dieu me garde d'en vouloir parler : ce ne serait pas agir en galant homme, et le diamant est fort peu de chose.

DORIMÈNE. — Vous êtes bien dégoûté.

MONSIEUR JOURDAIN. — Vous avez trop de bonté... **(2)**

40 DORANTE, *après avoir fait signe à M. Jourdain.* — Allons, qu'on donne du vin à monsieur Jourdain et à ces messieurs, qui nous feront la grâce de nous chanter un air à boire.

DORIMÈNE. — C'est merveilleusement assaisonner la bonne chère que d'y mêler la musique, et je me vois ici admirable-
45 ment régalée.

MONSIEUR JOURDAIN. — Madame, ce n'est pas...

DORANTE. — Monsieur Jourdain, prêtons silence à ces messieurs; ce qu'ils nous diront vaudra mieux que tout ce que nous pourrions dire. **(3)**

(Les musiciens et la musicienne prennent des verres, chantent deux chansons à boire, et sont soutenus de toute la symphonie[2].)

1. L'oignon, qui était alors un mets aristocratique, se servait farci avec de la chicorée; 2. *Symphonie :* voir page 55, note 2.

━━━━ **QUESTIONS** ━━━━

1. Pourquoi cette longue digression sur les raffinements culinaires? On propose pour explication la nécessité pour Dorante d'empêcher le plus possible Monsieur Jourdain de parler, le désir de Molière de glisser ici un tableau de mœurs, ou simplement l'idée de donner un aperçu du menu servi le jour même à la table du roi. Ces explications sont-elles d'ailleurs incompatibles?
2. Analysez les cinq dernières répliques en montrant quelles sont, à chacune d'elles, les intentions de Dorimène et de Monsieur Jourdain. Pourquoi cette situation est-elle un moment du plus haut comique pour le spectateur? Serait-il possible que Monsieur Jourdain et Dorimène découvrent la vérité sur le diamant? Comment le malentendu se prolonge-t-il?
3. Les divertissements musicaux sont adroitement liés à l'action. Pourquoi?

PREMIÈRE CHANSON À BOIRE

(1er et 2e musicien ensemble, un verre à la main.)

50   Un petit doigt, Philis, pour commencer le tour;
Ah! qu'un verre en vos mains a d'agréables charmes!
Vous et le vin, vous vous prêtez des armes,
Et je sens pour tous deux redoubler mon amour :
Entre lui, vous et moi, jurons, jurons, ma belle,
55   Une ardeur éternelle.

Qu'en mouillant votre bouche il en reçoit d'attraits,
Et que l'on voit par lui votre bouche embellie!
Ah! l'un de l'autre ils me donnent envie,
Et de vous et de lui je m'enivre à longs traits :
60   Entre lui, vous, et moi, jurons, jurons, ma belle,
              Une ardeur éternelle.

SECONDE CHANSON À BOIRE

(2e et 3e musicien ensemble.)

Buvons, chers amis, buvons.
Le temps qui fuit nous y convie;
Profitons de la vie
65   Autant que nous pouvons :
Quand on a passé l'onde noire[1]
Adieu le bon vin, nos amours;
Dépêchons-nous de boire,
On ne boit pas toujours.

70   Laissons raisonner les sots
Sur le vrai bonheur de la vie;
Notre philosophie
Le met parmi les pots :
Les biens, le savoir et la gloire
75   N'ôtent point les soucis fâcheux.
Et ce n'est qu'à bien boire
Que l'on peut être heureux.

(Tous trois ensemble.)

Sus, sus, du vin, partout versez, garçons, versez,
Versez, versez toujours tant qu'[2]on vous dise assez.

80   DORIMÈNE. — Je ne crois pas qu'on puisse mieux chanter,
et cela est tout à fait beau.

---

1. *L'onde noire* du Styx, fleuve des Enfers; 2. *Tant que* : jusqu'à ce que.

MONSIEUR JOURDAIN. — Je vois encore ici, madame, quelque chose de plus beau.

DORIMÈNE. — Ouais[1]! monsieur Jourdain est galant plus que
85 je ne pensais.

DORANTE. — Comment! madame, pour qui prenez-vous monsieur Jourdain?

MONSIEUR JOURDAIN. — Je voudrais bien qu'elle me prît pour ce que je dirais.

90 DORIMÈNE. — Encore!

DORANTE, *à Dorimène*. — Vous ne le connaissez pas.

MONSIEUR JOURDAIN. — Elle me connaîtra quand il lui plaira. (4)

DORIMÈNE. — Oh! je le quitte[2].

95 DORANTE. — Il est homme qui a toujours la riposte en main. Mais vous ne voyez pas que monsieur Jourdain, madame, mange tous les morceaux que vous touchez[3]?

DORIMÈNE. — Monsieur Jourdain est un homme qui me ravit...

100 MONSIEUR JOURDAIN. — Si je pouvais ravir votre cœur, je serais... (5)

SCÈNE II. — MADAME JOURDAIN, MONSIEUR JOURDAIN, DORIMÈNE, DORANTE, MUSICIENS, MUSICIENNE, LAQUAIS.

MADAME JOURDAIN. — Ah! ah! je trouve ici bonne compagnie, et je vois bien qu'on m'y attendait pas. C'est donc pour cette belle affaire-ci, monsieur mon mari, que vous avez eu tant d'empressement à m'envoyer dîner chez ma sœur?

_____

1. Exclamation qui peut marquer l'étonnement ou l'inquiétude, mais qui n'a rien de trivial; 2. J'y renonce; 3. Dorimène se sert évidemment la première et peut, selon les usages du temps, choisir ses morceaux; ce sont ceux qu'elle a laissés que mangera Monsieur Jourdain.

───── QUESTIONS ─────

4. Appréciez la galanterie de Monsieur Jourdain lorsqu'il se met en peine de faire de lui-même des compliments.

5. SUR L'ENSEMBLE DE LA SCÈNE PREMIÈRE. — Montrez que cette scène prolonge la dernière scène de l'acte précédent : quel est l'effet comique qui en fait toute la saveur?

— Le jeu de Dorante : comment empêche-t-il aussi bien Dorimène que Monsieur Jourdain de découvrir la vérité? Quel effet de comique de répétition est ici utilisé?

5 Je viens de voir un théâtre là-bas¹, et je vois ici un banquet
à faire noces². Voilà comme vous dépensez votre bien, et
c'est ainsi que vous festinez les dames en mon absence, et
que vous leur donnez la musique et la comédie tandis que
vous m'envoyez promener. **(6)**

10   DORANTE. — Que voulez-vous dire, madame Jourdain? et
quelles fantaisies³ sont les vôtres de vous aller mettre en tête
que votre mari dépense son bien, et que c'est lui qui donne
ce régale⁴ à madame? Apprenez que c'est moi, je vous prie;
qu'il ne fait seulement que me prêter sa maison, et que vous
15 devriez un peu mieux regarder aux choses que vous dites.

   MONSIEUR JOURDAIN. — Oui, impertinente, c'est monsieur
le comte qui donne tout ceci à madame, qui est une personne
de qualité. Il me fait l'honneur de prendre ma maison, et de
vouloir que je sois avec lui.

20   MADAME JOURDAIN. — Ce sont des chansons que cela; je sais
ce que je sais.

   DORANTE. — Prenez, madame Jourdain, prenez de meilleures
lunettes.

   MADAME JOURDAIN. — Je n'ai que faire de lunettes, monsieur,
25 et je vois assez clair; il y a longtemps que je sens les choses,
et je ne suis pas une bête. Cela est fort vilain⁵ à vous pour un
grand seigneur, de prêter la main, comme vous faites, aux
sottises de mon mari. Et vous, madame, pour une grand'dame,
cela n'est ni beau ni honnête à vous de mettre de la dissension
30 dans un ménage et de souffrir que mon mari soit amoureux
de vous. **(7)**

---

1. *Là-bas* : en bas. Il s'agit du théâtre dressé pour le ballet; 2. Propre à célébrer
des noces; 3. *Fantaisies* : vaines imaginations; 4. *Régale* : orthographe alors courante
pour « régal »; 5. *Vilain* : voir page 91, note 1.

─────── **QUESTIONS** ───────

6. La scène précédente pouvait-elle encore se poursuivre longtemps
sans que Dorante soit en situation difficile? Cette intervention de Madame
Jourdain est-elle un véritable coup de théâtre (voir la fin de la scène VI
de l'acte III)? — Quels traits de caractère de Madame Jourdain reparaissent
ici? Bien que ses reproches soient justifiés, faut-il l'approuver de venir
faire ainsi un scandale? Quel contraste y a-t-il entre sa façon d'agir et
le savoir-vivre que prétend adopter son mari?

7. C'est Dorante, et non Monsieur Jourdain, qui réplique immédiatement à Madame Jourdain : pourquoi cette hâte? Comment tire-t-il parti
d'une situation gênante? Pourquoi Monsieur Jourdain ne peut-il que lui
faire écho?

DORIMÈNE. — Que veut donc dire tout ceci? Allez, Dorante, vous vous moquez, de m'exposer aux sottes visions[1] de cette extravagante.

35 DORANTE, *suivant Dorimène qui sort.* — Madame, holà! madame, où courez-vous?

MONSIEUR JOURDAIN. — Madame! monsieur le comte, faites-lui excuses, et tâchez de la ramener. (8)

SCÈNE III. — MADAME JOURDAIN, MONSIEUR JOURDAIN, UN LAQUAIS.

MONSIEUR JOURDAIN. — Ah! impertinente que vous êtes, voilà de vos beaux faits; vous me venez faire des affronts devant tout le monde, et vous chassez de chez moi des personnes de qualité.

5 MADAME JOURDAIN. — Je me moque de leur qualité.

MONSIEUR JOURDAIN. — Je ne sais qui[2] me tient, maudite, que je ne vous fende la tête avec les pièces du repas que vous êtes venu troubler. (*On ôte la table.*)

MADAME JOURDAIN, *sortant.* — Je me moque de cela. Ce
10 sont mes droits que je défends, et j'aurai pour moi toutes les femmes.

MONSIEUR JOURDAIN. — Vous faites bien d'éviter ma colère. (9)

SCÈNE IV. — MONSIEUR JOURDAIN, *seul.*

MONSIEUR JOURDAIN. — Elle est arrivée là bien malheureusement. J'étais en humeur de dire de jolies choses et jamais je ne m'étais senti tant d'esprit. Qu'est-ce que c'est que cela? (10)

---

1. *Visions :* idées folles ou suppositions ridicules; 2. *Qui :* ce qui. *Qui* pronom interrogatif peut, dans la langue du XVIIe siècle, s'appliquer aux choses.

——— QUESTIONS ———————————————

8. SUR L'ENSEMBLE DE LA SCÈNE II. — Une situation traditionnelle (une femme découvre son mari en galante compagnie) : comment Molière donne-t-il un relief nouveau à une telle scène?
— Que peut penser Dorimène de l'aventure? Dorante s'est-il déconsidéré à ses yeux?

9. SUR LA SCÈNE III. — Aurait-il été amusant de développer davantage cette scène de ménage?

10. SUR LA SCÈNE IV. — La colère de Monsieur Jourdain dure-t-elle longtemps? Montrez que sa vanité le console de ses déboires.

FRONTISPICE DE L'ÉDITION DE 1682

DÉCOR
DE
SUZANNE
LALIQUE
À LA
COMÉDIE-
FRANÇAISE
(1955)

Phot. Bernand.

Scène V. — COVIELLE, *déguisé,*
MONSIEUR JOURDAIN, LAQUAIS.

COVIELLE. — Monsieur, je ne sais pas si j'ai l'honneur d'être connu de vous?

MONSIEUR JOURDAIN. — Non, monsieur.

COVIELLE, *étendant la main à un pied de terre.* — Je vous ai
5 vu que vous n'étiez pas plus grand que cela.

MONSIEUR JOURDAIN. — Moi?

COVIELLE. — Oui. Vous étiez le plus bel enfant du monde, et toutes les dames vous prenaient dans leurs bras pour vous baiser.

10 MONSIEUR JOURDAIN. — Pour me baiser?

COVIELLE. — Oui. J'étais grand ami de feu monsieur votre père[1].

MONSIEUR JOURDAIN. — De feu monsieur mon père?

COVIELLE. — Oui. C'était un fort honnête gentilhomme.

15 MONSIEUR JOURDAIN. — Comment dites-vous?

COVIELLE. — Je dis que c'était un fort honnête gentilhomme.

MONSIEUR JOURDAIN. — Mon père?

COVIELLE. — Oui.

MONSIEUR JOURDAIN. — Vous l'avez fort connu?

20 COVIELLE. — Assurément.

MONSIEUR JOURDAIN. — Et vous l'avez connu pour gentilhomme?

COVIELLE. — Sans doute.

MONSIEUR JOURDAIN. — Je ne sais donc pas comment le
25 monde est fait.

COVIELLE. — Comment?

MONSIEUR JOURDAIN. — Il y a de sottes gens qui me veulent dire qu'il a été marchand.

COVIELLE. — Lui, marchand! C'est pure médisance, il ne
30 l'a jamais été. Tout ce qu'il faisait, c'est qu'il était fort obligeant, fort officieux[2], et, comme il se connaissait fort bien

---

1. Dans *Monsieur de Pourceaugnac,* Sbrigani emploie une ruse comparable; **2.** *Officieux :* qui aime à rendre service.

en étoffes, il en allait choisir de tous les côtés, les faisait apporter chez lui, et en donnait à ses amis pour de l'argent.

MONSIEUR JOURDAIN. — Je suis ravi de vous connaître, afin
35 que vous rendiez ce témoignage-là que mon père était gentil-homme.

COVIELLE. — Je le soutiendrai devant tout le monde. **(11)**

MONSIEUR JOURDAIN. — Vous m'obligerez. Quel sujet vous amène?

40 COVIELLE. — Depuis avoir connu feu monsieur votre père, honnête gentilhomme, comme je vous ai dit, j'ai voyagé par tout le monde.

MONSIEUR JOURDAIN. — Par tout le monde!

COVIELLE. — Oui.

45 MONSIEUR JOURDAIN. — Je pense qu'il y a bien loin en ce pays-là.

COVIELLE. — Assurément. Je ne suis revenu de tous mes longs voyages que depuis quatre jours; et, par l'intérêt que je prends à tout ce qui vous touche, je viens vous annoncer
50 la meilleure nouvelle du monde.

MONSIEUR JOURDAIN. — Quelle?

COVIELLE. — Vous savez que le fils du Grand Turc est ici?

MONSIEUR JOURDAIN. — Moi? non.

COVIELLE. — Comment! Il a un train[1] tout à fait magnifique :
55 tout le monde le va voir, et il a été reçu en ce pays comme un seigneur d'importance.

MONSIEUR JOURDAIN. — Par ma foi, je ne savais pas cela.

COVIELLE. — Ce qu'il y a d'avantageux pour vous, c'est qu'il est amoureux de votre fille.

60 MONSIEUR JOURDAIN. — Le fils du Grand Turc?

COVIELLE. — Oui; et il veut être votre gendre.

MONSIEUR JOURDAIN. — Mon gendre, le fils du Grand Turc?

---

1. *Un train* : un cortège, une escorte.

─────── **QUESTIONS** ───────

11. Comparez cette entrée en matière de Covielle avec la façon dont Éraste aborde Monsieur de Pourceaugnac (*Monsieur de Pourceaugnac*, I, IV). Pourquoi Monsieur Jourdain est-il pris au piège encore plus vite que Pourceaugnac?

COVIELLE. — Le fils du Grand Turc votre gendre. Comme je le fus voir, et que j'entends parfaitement sa langue, il s'entre-
65 tint avec moi; et, après quelques autres discours, il me dit : *Acciam croc soler ouch alla moustaph gidelum amanahem varahini oussere carbulath*[1]. C'est-à-dire : « N'as-tu point vu une jeune belle personne qui est la fille de monsieur Jourdain, gentil-homme parisien? »

70 MONSIEUR JOURDAIN. — Le fils du Grand Turc dit cela de moi? **(12)**

COVIELLE. — Oui. Comme je lui eus répondu que je vous connaissais particulièrement et que j'avais vu votre fille : « Ah! me dit-il, *Marababa sahem* »; c'est-à-dire : « Ah! que je suis
75 amoureux d'elle! »

MONSIEUR JOURDAIN. — *Marababa sahem* veut dire : Ah! que je suis amoureux d'elle?

COVIELLE. — Oui.

MONSIEUR JOURDAIN. — Par ma foi, vous faites bien de me
80 le dire, car, pour moi, je n'aurais jamais cru que ce *Marababa sahem* eût voulu dire : Ah! que je suis amoureux d'elle! Voilà une langue admirable que ce turc!

COVIELLE. — Plus admirable qu'on ne peut croire. Savez-vous bien ce que veut dire *Cacaracamouchen*?

85 MONSIEUR JOURDAIN. — *Cacaracamouchen?* Non.

COVIELLE. — C'est-à-dire : Ma chère âme.

MONSIEUR JOURDAIN. — *Cacaracamouchen* veut dire : Ma chère âme?

COVIELLE. — Oui.

90 MONSIEUR JOURDAIN. — Voilà qui est merveilleux! *Cacaraca-mouchen*, ma chère âme : dirait-on jamais cela? Voilà qui me confond. **(13)**

COVIELLE. — Enfin, pour achever mon ambassade, il vient

---

1. Molière emprunte la plupart des mots de ce jargon à une comédie de Rotrou, *la Sœur* (III, v et vi); à quelques exceptions près, ils n'ont aucun sens.

——— QUESTIONS ———

12. Monsieur Jourdain songe-t-il beaucoup à ce que pourrait penser sa fille de ce mariage? Est-ce la première fois qu'on voit cet égoïsme, conséquence de sa vanité?

13. Les étonnements de Monsieur Jourdain : comparez ce passage à la scène IV de l'acte II.

vous demander votre fille en mariage; et pour avoir un beau-
95 père qui soit digne de lui, il veut vous faire *Mamamouchi*,
qui est une certaine grande dignité de son pays.

MONSIEUR JOURDAIN. — *Mamamouchi*[1]?

COVIELLE. — Oui, *Mamamouchi*; c'est-à-dire, en notre langue,
paladin. Paladin[2], ce sont de ces anciens... Paladin enfin!
100 Il n'y a rien de plus noble que cela dans le monde; et vous
irez de pair avec les plus grands seigneurs de la terre.

MONSIEUR JOURDAIN. — Le fils du Grand Turc m'honore
beaucoup, et je vous prie de me mener chez lui pour lui en
faire mes remerciements.

105 COVIELLE. — Comment! le voilà qui va venir ici.

MONSIEUR JOURDAIN. — Il va venir ici?

COVIELLE. — Oui; et il amène toutes choses pour la cérémonie
de votre dignité.

MONSIEUR JOURDAIN. — Voilà qui est bien prompt. **(14)**

110 COVIELLE. — Son amour ne peut souffrir aucun retardement[3].

MONSIEUR JOURDAIN. — Tout ce qui m'embarrasse ici, c'est
que ma fille est une opiniâtre qui s'est allé mettre dans la tête
un certain Cléonte, et elle jure de n'épouser personne que
celui-là.

115 COVIELLE. — Elle changera de sentiment quand elle verra
le fils du Grand Turc; et puis il se rencontre ici une aventure
merveilleuse : c'est que le fils du Grand Turc ressemble à ce
Cléonte, à peu de chose près. Je viens de le voir, on me l'a
montré; et l'amour qu'elle a pour l'un pourra passer aisément
120 à l'autre, et... Je l'entends venir; le voilà. **(15)**

---

1. Littré prétend que ce mot, forgé par Molière sur l'arabe *mà menou schi* (non chose bonne), signifie « propre à rien ». Cette intention n'est pas évidente; 2. *Paladin* : seigneur de la cour de Charlemagne; 3. *Retardement* est couramment employé pour « retard » au XVIIe siècle.

━━━ QUESTIONS ━━━

14. Montrez que cette réplique devance une objection du spectateur.

15. SUR L'ENSEMBLE DE LA SCÈNE V. — Les sources du comique dans cette scène : montrez que celle-ci sert de transition pour passer de la comédie à la farce.

— Admet-on aisément que la sottise et la naïveté de Monsieur Jourdain soient telles qu'il ne voie nulle malice aux propositions surprenantes de ce personnage de carnaval?

— Le sentiment du spectateur : a-t-il été prévenu (voir acte III, scène XIII)? Prévoyait-il un tour aussi original?

SCÈNE VI. — CLÉONTE, *en turc,*
avec trois pages portant sa veste,
MONSIEUR JOURDAIN, COVIELLE, *déguisé.*

CLÉONTE. — *Ambousahim oqui boraf, Jordina, salamalequi*[1].

COVIELLE, *à M. Jourdain.* — C'est-à-dire : « Monsieur Jourdain, votre cœur soit toute l'année comme un rosier fleuri. » Ce sont façons de parler obligeantes de ces pays-là.

5 MONSIEUR JOURDAIN. — Je suis très humble serviteur de Son Altesse Turque.

COVIELLE. — *Carigar camboto oustin moraf.*

CLÉONTE. — *Oustin yoc catamalequi basum base alla moran.*

COVIELLE. — Il dit que le ciel vous donne la force des lions
10 et la prudence des serpents.

MONSIEUR JOURDAIN. — Son Altesse Turque m'honore trop, et je lui souhaite toutes sortes de prospérités.

COVIELLE. — *Ossa binamen sadoc babally oracaf ouram.*

CLÉONTE. — *Bel-men*[2].

15 COVIELLE. — Il dit que vous alliez vite avec lui vous préparer pour la cérémonie, afin de voir ensuite votre fille et de conclure le mariage.

MONSIEUR JOURDAIN. — Tant de choses en deux mots?

COVIELLE. — Oui; la langue turque est comme cela, elle dit
20 beaucoup en peu de paroles. Allez vite où il souhaite. **(16)**

SCÈNE VII. — COVIELLE, *seul.*

COVIELLE. — Ha! ha! ha! Ma foi, cela est tout à fait drôle. Quelle dupe! Quand il aurait appris son rôle par cœur, il ne pourrait pas le mieux jouer. Ah! ah!

---

1. *Salamalequi* : expression de salutation turque (« que la paix soit sur ta tête »), dont on a fait *salamalec*, profonde révérence; **2.** Du turc *bil men* : « je ne sais pas ».

━━━ QUESTIONS ━━━

16. SUR LA SCÈNE VI. — Comment cette scène complète-t-elle la précédente?
— Le comique de mots : est-ce seulement le caractère burlesque du jargon qui fait rire? La parodie de la politesse orientale.

Scène VIII. — DORANTE, COVIELLE.

COVIELLE. — Je vous prie, monsieur, de nous vouloir aider céans[1] dans une affaire qui s'y passe.

DORANTE. — Ah! ah! Covielle, qui t'aurait reconnu? Comme te voilà ajusté!

5 COVIELLE. — Vous voyez. Ah! ah!

DORANTE. — De quoi ris-tu?

COVIELLE. — D'une chose, monsieur, qui le mérite bien.

DORANTE. — Comment?

COVIELLE. — Je vous le donnerais en bien des fois[2], monsieur,
10 à deviner le stratagème dont nous nous servons auprès de monsieur Jourdain pour porter son esprit à donner sa fille à mon maître.

DORANTE. — Je ne devine point le stratagème, mais je devine qu'il ne manquera pas de faire son effet, puisque tu l'entre-
15 prends.

COVIELLE. — Je sais, monsieur, que la bête vous est connue[3].

DORANTE. — Apprends-moi ce que c'est.

COVIELLE. — Prenez la peine de vous tirer un peu plus loin pour faire place à ce que j'aperçois venir. Vous pourrez voir
20 une partie de l'histoire, tandis que je vous conterai le reste. **(17)**

(La cérémonie turque pour ennoblir le Bourgeois se fait en danse et en musique, et compose le quatrième intermède.)

---

1. *Céans* : voir page 36, note 5; **2.** Pour cette expression, voir page 53, note 3;
3. Je vois que vous me connaissez bien (expression populaire).

──── **QUESTIONS** ────

17. SUR LA SCÈNE VIII. — Était-il indispensable que Dorante soit mis au courant du stratagème?

LA CÉRÉMONIE TURQUE

LE MUFTI[1], TURCS, DERVIS[2], *chantant et dansant,*
MONSIEUR JOURDAIN, *vêtu à la turque, la tête rasée,*
sans turban et sans sabre.

PREMIÈRE ENTRÉE DE BALLET

Six Turcs entrent gravement, deux à deux, au son des instruments. Ils portent trois tapis, qu'ils lèvent fort haut, après en avoir fait, en dansant, plusieurs figures. Les Turcs chantant passent par-dessous ces tapis, pour s'aller ranger aux deux côtés du théâtre. Le Mufti, accompagné des Dervis, ferme cette marche.

Les Turcs étendent les tapis par terre et se mettent dessus à genoux. Le Mufti et les Dervis restent debout au milieu d'eux ; et pendant que le Mufti invoque Mahomet, en faisant beaucoup de contorsions et de grimaces, sans proférer une seule parole, les Turcs assistants se prosternent jusqu'à terre, chantant Alli, lèvent les bras au ciel en chantant Alla ; ce qu'ils continuent jusqu'à la fin de l'évocation. Alors ils se relèvent tous chantant Alla eckber (« Dieu est grand ») ; et deux Dervis vont chercher Monsieur Jourdain.

Texte	Traduction
LE MUFTI, *à Monsieur Jourdain*	LE MUFTI

Se ti sabir[3],   *Si toi savoir,*
Ti respondir ;   *Toi répondre ;*
Se non sabir,   *Si ne pas savoir,*
Tazir, tazir.   *Te taire, te taire.*

5   Mi star mufti.   *Moi être mufti.*
Ti qui star, ti ?   *Toi, qui être, toi ?*
Non intendir ?   *Pas entendre ?*
Tazir, Tazir.   *Te taire, te taire.*

(Deux Dervis font retirer Monsieur Jourdain.)

LE MUFTI	LE MUFTI

Dice, Turque, qui star quista ?   *Dis, Turc, qui être celui-là ?*
10   Anabatista ? Anabatista ?   *Anabaptiste[4] ? Anabaptiste ?*

---

1. *Mufti* : dignitaire de la religion musulmane, spécialement chargé d'interpréter la loi coranique. Le rôle du mufti était tenu par Lully, qui, dans le livret du ballet, a pris le nom de « Chiacheron » (ital. *chiacchierone*, le bavard, le babillard) ; 2. *Dervis* : religieux musulmans ; 3. Ces couplets sont écrits en un jargon qu'on appelle justement *sabir*, mélange de français, d'italien, d'espagnol et d'arabe, qu'on parlait dans les ports méditerranéens d'Afrique du Nord et du Levant ; 4 *Anabaptiste* : une des sectes de la religion réformée ; elle prit naissance en Allemagne dès le temps de Luther.

LES TURCS	LES TURCS
Ioc.	*Non.*
LE MUFTI	LE MUFTI
Zuinglista?	*Zwinglien[1]?*
LES TURCS	LES TURCS
Ioc.	*Non.*
LE MUFTI	LE MUFTI
Coffita?	*Cophte[2]?*
LES TURCS	LES TURCS
15 Ioc.	*Non.*
LE MUFTI	LE MUFTI
Hussita? Morista? Fronista?	*Hussite[3]? More? Phrontiste[4]?*
LES TURCS	LES TURCS
Ioc, ioc, ioc!	*Non, non, non!*
LE MUFTI	LE MUFTI
Ioc, ioc, ioc! Star Pagana?	*Non, non, non! Être païen?*
LES TURCS	LES TURCS
Ioc.	*Non.*
LE MUFTI	LE MUFTI
20 Luterana?	*Luthérien?*
LES TURCS	LES TURCS
Ioc.	*Non.*
LE MUFTI	LE MUFTI
Puritana?	*Puritain[5]?*
LES TURCS	LES TURCS
Ioc.	*Non.*
LE MUFTI	LE MUFTI
Bramina? Moffina? Zurina[6]?	*Bramine[7]? ...? ...?*
LES TURCS	LES TURCS
25 Ioc, ioc, ioc!	*Non, non, non!*
LE MUFTI	LE MUFTI
Ioc, ioc, ioc! Mahametana? [Mahametana?	*Non, non, non! Mahométan? [Mahométan?*
LES TURCS	LES TURCS
Hi Valla. Hi Valla.	*Oui, par Dieu. Oui, par Dieu.*

1. *Zwinglien* : membre de la secte réformée fondée par le Suisse Zwingle (1484-1531); 2. *Cophte* ou *copte* : chrétien d'Égypte ou d'Éthiopie; 3. *Hussite* : sectateur de Jean Huss (1369-1415), réformateur et patriote tchèque; 4. Ces deux termes semblent sans signification précise : le premier évoque sans doute les Mores musulmans; le second pourrait être une transcription approximative du mot grec *phrontistés*, qui signifie « penseur »; 5. *Puritain* : membre des sectes presbytériennes qui s'opposaient en Angleterre à la haute Eglise; 6. Ces deux derniers termes sont du jargon burlesque; 7. *Bramine* : de la religion hindoue (brahmanisme).

LA CÉRÉMONIE TURQUE
Mise en scène de la Comédie-Française.

Phot. Lipnitzki.

LE MUFTI
Como chamara? *(bis)*

LE MUFTI
Comment s'appelle-t-il? (bis)

LES TURCS
Giourdina. *(bis)*

LES TURCS
Jourdain. (bis)

LE MUFTI, *sautant et regardant de coté et d'autre.*

30 Giourdina? *(ter)*

Jourdain? (ter)

LES TURCS
Giourdina . *(ter)*

LES TURCS
Jourdain. (ter)

LE MUFTI
Mahameta, per Giourdina,
Mi pregar sera e matina.
Voler far un paladina
35 De Giourdina, de Giourdina.

LE MUFTI
Mahomet, pour Jourdain,
Moi prier soir et matin.
Vouloir faire un paladin
De Jourdain, de Jourdain.

Dar turbanta é dar scarcina,
Con galera é brigantina,
Per deffender Palestina.
Mahameta, per Giourdina
40 Mi pregar sera e matina.
(Aux Turcs.)
Star bon Turca, Giourdina?

Donner turban et donner sabre,
Avec galère et brigantine[1],
Pour défendre la Palestine.
Mahomet, pour Jourdain
Moi prier soir et matin.

Est-il bon Turc, Jourdain?

LES TURCS
Hi Valla; Hi Valla!

LES TURCS
Oui, par Dieu. Oui, par Dieu!

LE MUFTI, *chantant et dansant.*

Ha, la, ba, ba, la, chou,
ba, la, ba, ba, la, da.

(On peut comprendre :)
Dieu, mon père, mon père, Dieu.

LES TURCS
45 Ha, la, ba, ba, la, chou, ba, la, ba, ba, la, da.

DEUXIÈME ENTRÉE DE BALLET

Le Mufti revient coiffé avec son turban de cérémonie, qui est d'une grosseur démesurée, et garni de bougies allumées à quatre ou cinq rangs; il est accompagné de deux Dervis qui portent l'Alcoran[2] et qui ont des bonnets pointus, garnis aussi de bougies allumées.

Les deux autres Dervis amènent le Bourgeois, qui est tout épouvanté de cette cérémonie, et le font mettre à genoux, les mains par terre, de façon que son dos, sur lequel est mis l'Alcoran, serve de pupitre au Mufti. Le Mufti fait une seconde invocation burlesque, fronçant les sourcils et ouvrant la bouche, sans dire mot; puis parlant avec véhémence, tantôt radoucissant sa voix, tantôt la poussant d'un enthousiasme

---

1. *Brigantine* ou *brigantin* : navire à deux mâts, plus léger que la galère; ces deux sortes de bâtiments étaient employés surtout en Méditerranée; 2. *Alcoran* ou *Coran* : livre sacré de la religion musulmane.

*à faire trembler, se tenant les côtes avec les mains comme pour faire
sortir les paroles, frappant de temps en temps sur l'Alcoran, et tournant
les feuillets avec précipitation. Après quoi, en levant les bras au ciel,
le Mufti crie à haute voix :* Hou!

*Pendant cette seconde invocation, les Turcs assistants s'inclinent
trois fois et trois fois se relèvent, en chantant aussi :* Hou, hou, hou.

MONSIEUR JOURDAIN, *après qu'on lui a ôté l'Alcoran de dessus le dos.*

Ouf!

Texte	**Traduction**
LE MUFTI, *à Monsieur Jourdain.* Ti non star furba?	LE MUFTI *Toi, n'être pas fourbe?*
LES TURCS No, no, no!	LES TURCS *Non, non, non!*
LE MUFTI Non star forfanta?	LE MUFTI *N'être pas imposteur?*
LES TURCS No, no, no!	LES TURCS *Non, non, non!*
LE MUFTI Donar turbanta. *(bis)*	LE MUFTI *Donner turban.* (bis)
LES TURCS Ti non star furba? No, no, no. Non star forfanta? No, no, no. Donar turbanta. *(bis)*	LES TURCS *Toi, n'être pas fourbe?* *Non, non, non!* *N'être pas imposteur?* *Non, non, non!* *Donner turban.* (bis)

50

55

TROISIÈME ENTRÉE DE BALLET

*Les Turcs, dansant et chantant, mettent le turban sur la tête de
Monsieur Jourdain au son des instruments.*

LE MUFTI, *donnent le sabre à Monsieur Jourdain.*

Ti star nobile, non star fabbola.   *Toi être noble, ce n'est pas une
      Pigliar schiabbola.*   [*fable.*
                                       Prends le sabre.

LES TURCS, *mettant tous le sabre à la main, reprennent ces paroles.*

QUATRIÈME ENTRÉE DE BALLET

*Les Turcs, dansant, donnent en cadence plusieurs coups de sabre à
Monsieur Jourdain.*

LE MUFTI

Dara, dara.   *Donnez, donnez.*

60   Bastonnara. *(ter)*   Bastonnade. (ter)

LES TURCS *reprennent ces paroles.*

CINQUIÈME ENTRÉE DE BALLET

Les Turcs, dansant, donnent à Monsieur Jourdain des coups de bâton en cadence.

LE MUFTI

Non tener honta;   *N'avoir pas honte?*
Questa star l'ultima affronta.   *Ceci être le dernier affront.*

Le Mufti commence une troisième invocation. Les Dervis le soutiennent par-dessous le bras avec respect ; après quoi les Turcs chantant et dansant, sautant autour du Mufti, se retirent avec lui et emmènent Monsieur Jourdain. **(18) (19)**

ACTE V

Scène première. — MADAME JOURDAIN, MONSIEUR JOURDAIN.

MADAME JOURDAIN. — Ah! mon Dieu! miséricorde! Qu'est-ce que c'est donc que cela? Quelle figure! Est-ce un momon[1] que vous allez porter, et est-il temps d'aller en masque? Parlez donc, qu'est-ce que c'est que ceci? Qui vous a fagoté comme 5 cela?

MONSIEUR JOURDAIN. — Voyez l'impertinente, de parler de la sorte à un *Mamamouchi!*

MADAME JOURDAIN. — Comment donc?

---

1. *Momon :* défi que se portent au jeu de dés des personnages masqués; c'est un terme de carnaval. Ce passage semble bien être un souvenir de Rotrou (*la Veuve*, III, III) :

« A quoi bon ces habits turcs? Dansez-vous un ballet?
Portez-vous un momon?... »

━━━━━ ● QUESTIONS ━━━━━

18. Sur la cérémonie turque. — Le comique de cette cérémonie : comparez-la à la cérémonie du *Malade imaginaire.*

19. Sur l'ensemble de l'acte IV. — L'évolution de l'action : qu'est devenue l'intrigue avec Dorimène? Que devient le projet de mariage de Cléonte avec Lucile?

— Les différentes sources du comique : comment Molière passe-t-il de la comédie de mœurs à la farce? En quoi la stupidité de Monsieur Jourdain aide-t-elle à la transition?

MONSIEUR JOURDAIN. — Oui, il me faut porter du respect
10 maintenant, et l'on vient de me faire *Mamamouchi.*

MADAME JOURDAIN. — Que voulez-vous dire avec votre
Mamamouchi?

MONSIEUR JOURDAIN. — *Mamamouchi*, vous dis-je. Je suis
Mamamouchi.

15 MADAME JOURDAIN. — Quelle bête est-ce là?

MONSIEUR JOURDAIN. — *Mamamouchi*, c'est-à-dire, en notre
langue, paladin.

MADAME JOURDAIN. — Baladin! Êtes-vous en âge de danser
des ballets?

20 MONSIEUR JOURDAIN. — Quelle ignorante! Je dis paladin;
c'est une dignité dont on vient de me faire la cérémonie.

MADAME JOURDAIN. — Quelle cérémonie donc?

MONSIEUR JOURDAIN. — *Mahametta per Jordina*[1].

MADAME JOURDAIN. — Qu'est-ce que cela veut dire?

25 MONSIEUR JOURDAIN. — *Jordina*, c'est-à-dire Jourdain.

MADAME JOURDAIN. — Hé bien quoi, Jourdain?

MONSIEUR JOURDAIN. — *Voler far un paladina dé Jordina.*

MADAME JOURDAIN. — Comment?

MONSIEUR JOURDAIN. — *Dar turbanta con galera.*

30 MADAME JOURDAIN. — Qu'est-ce à dire cela?

MONSIEUR JOURDAIN. — *Per deffender Palestina.*

MADAME JOURDAIN. — Que voulez-vous donc dire?

MONSIEUR JOURDAIN. — *Dara, dara, bastonnara.*

MADAME JOURDAIN. — Qu'est-ce donc que ce jargon-là?

35 MONSIEUR JOURDAIN. — *Non tener honta, questa star l'ultima
affronta.*

MADAME JOURDAIN. — Qu'est-ce que c'est donc que tout cela?

MONSIEUR JOURDAIN, *danse et chante.* — Hou la ba, ba la
chou, ba la ba, ba la da. *(Il tombe par terre.)*

40 MADAME JOURDAIN. — Hélas! mon Dieu, mon mari est
devenu fou.

---

1. Monsieur Jourdain répète et chante les répliques de la cérémonie précédente.

MONSIEUR JOURDAIN, *se relevant et sortant*. — Paix, insolente!
portez respect à monsieur le *Mamamouchi*.

MADAME JOURDAIN, *seule*. — Où est-ce qu'il a donc perdu
45 l'esprit? Courons l'empêcher de sortir. *(Apercevant Dorimène
et Dorante.)* Ah! ah! voici justement le reste de notre écu¹!
Je ne vois que chagrin de tous les côtés. (1)
(Elle sort.)

SCÈNE II. — DORANTE, DORIMÈNE.

DORANTE. — Oui, madame, vous verrez la plus plaisante
chose qu'on puisse voir; et je ne crois pas que dans tout le
monde il soit possible de trouver encore un homme aussi
fou que celui-là; et puis, madame, il faut tâcher de servir
5 l'amour de Cléonte et d'appuyer toute sa mascarade. C'est
un fort galant homme et qui mérite que l'on s'intéresse pour lui.

DORIMÈNE. — J'en fais beaucoup de cas, et il est digne d'une
bonne fortune².

DORANTE. — Outre cela, nous avons ici, madame, un ballet
10 qui nous revient, que nous ne devons pas laisser perdre, et il
faut bien voir si mon idée pourra réussir.

DORIMÈNE. — J'ai vu là des apprêts magnifiques, et ce sont
des choses, Dorante, que je ne puis plus souffrir. Oui, je veux
enfin vous empêcher vos profusions; et, pour rompre le cours
15 à toutes les dépenses que je vous vois faire pour moi, j'ai
résolu de me marier promptement avec vous. C'en est le vrai
secret, et toutes ces choses finissent avec le mariage.

DORANTE. — Ah! madame, est-il possible que vous ayez
pu prendre pour moi une si douce résolution?

20 DORIMÈNE. — Ce n'est que pour vous empêcher de vous
ruiner; et sans cela je vois bien qu'avant qu'il fût peu vous
n'auriez pas un sou.

---

1. Voilà qui complète notre infortune, il ne nous manquait plus que cela. Expression qui vient peut-être du vocabulaire des changeurs de monnaie; 2. *Une bonne
fortune* : un heureux sort.

──────── **QUESTIONS** ────────

1. SUR LA SCÈNE PREMIÈRE. — Comparez cette scène à la scène III de
l'acte III : qu'y a-t-il de semblable dans le mouvement et la situation des
deux scènes? Jusqu'où est poussée ici la bouffonnerie?

DORANTE. — Que j'ai d'obligation, madame, aux soins que
vous avez de conserver mon bien! Il est entièrement à vous,
25 aussi bien que mon cœur, et vous en userez de la façon qu'il
vous plaira.

DORIMÈNE. — J'userai bien de tous les deux. Mais voici votre
homme : la figure[1] en est admirable. **(2)**

Scène III. — MONSIEUR JOURDAIN, DORANTE, DORIMÈNE.

DORANTE. — Monsieur, nous venons rendre hommage,
madame et moi, à votre nouvelle dignité, et nous réjouir avec
vous du mariage que vous faites de votre fille avec le fils du
Grand Turc.

5 MONSIEUR JOURDAIN, *après avoir fait les révérences à la turque.*
— Monsieur, je vous souhaite la force des serpents et la prudence des lions **(3)**.

DORIMÈNE. — J'ai été bien aise d'être des premières, monsieur,
à venir vous féliciter du haut degré de gloire où vous êtes monté.

10 MONSIEUR JOURDAIN. — Madame, je vous souhaite toute
l'année votre rosier fleuri; je vous suis infiniment obligé de
prendre part aux honneurs qui m'arrivent, et j'ai beaucoup
de joie de vous voir revenue ici, pour vous faire les très humbles
excuses de l'extravagance de ma femme.

15 DORIMÈNE. — Cela n'est rien; j'excuse en elle un pareil
mouvement : votre cœur lui doit être précieux, et il n'est pas
étrange que la possession d'un homme comme vous puisse
inspirer quelques alarmes. **(4)**

---

1. *La figure :* l'apparence extérieure de toute la personne.

―――――― **QUESTIONS** ――――――

2. SUR LA SCÈNE II. — N'est-il pas surprenant que Dorimène revienne
dans une maison où elle a subi un affront? A-t-elle d'autre part découvert
les supercheries de Dorante?
— Dorante est devenu sympathique : pourquoi? Faut-il s'indigner avec
J.-J. Rousseau (voir Jugements) qu'il fasse figure d' « honnête homme »
et reçoive la récompense de ses escroqueries? Est-ce tellement au point
de vue moral qu'il faut se placer pour juger cette scène?
3. Cherchez dans la scène III de l'acte III une bévue du même genre :
quel trait de Monsieur Jourdain se précise ici?
4. Cette réplique est à la fois profonde et comique : étudiez-la en
détail.

MONSIEUR JOURDAIN. — La possession de mon cœur est une
20 chose qui vous est tout acquise.

DORANTE. — Vous voyez, madame, que monsieur Jourdain
n'est pas de ces gens que les prospérités aveuglent, et qu'il sait,
dans sa gloire, connaître encore ses amis.

DORIMÈNE. — C'est la marque d'une âme tout à fait généreuse.

25 DORANTE. — Où est donc son Altesse Turque? Nous vou-
drions bien, comme[1] vos amis, lui rendre nos devoirs.

MONSIEUR JOURDAIN. — Le voilà qui vient, et j'ai envoyé
quérir ma fille pour lui donner la main[2]. (5)

SCÈNE IV. — CLÉONTE, *habillé en turc*, COVIELLE,
MONSIEUR JOURDAIN, ETC.

DORANTE, *à Cléonte*. — Monsieur, nous venons faire la révérence à Votre Altesse comme amis de monsieur votre beau-
père, et l'assurer avec respect de nos très humbles services.

MONSIEUR JOURDAIN. — Où est le truchement pour lui dire
5 qui vous êtes et lui faire entendre ce que vous dites? Vous
verrez qu'il vous répondra; et il parle turc à merveille. Holà!
où diantre est-il allé? *(A Cléonte.) Strouf, strif, strof, straf.*
Monsieur est un *grande segnore, grande segnore, grande segnore ;*
et, madame, une *granda dama, granda dama. (Voyant qu'il ne*
10 *se fait point entendre.) Ahi! (A Cléonte, montrant Dorante.)*
Lui monsieur, lui *Mamamouchi* français et madame, *Mama-*
mouchie française. Je ne puis pas parler plus clairement. Bon!
voici l'interprète. (6)

---

1. *Comme :* au titre de; 2. *Donner la main :* geste qui consacrera la promesse de
mariage entre Lucile et Cléonte.

─────── **QUESTIONS** ───────

5. SUR L'ENSEMBLE DE LA SCÈNE III. — Monsieur Jourdain « Mamamouchi » : à quoi reconnaît-on que sa vanité est satisfaite? Quel ridicule
nouveau ajoute-t-il à ses ridicules anciens?
— L'attitude de Dorimène et de Dorante : montrez comment ils savent
flatter la folie des grandeurs.

6. SUR LA SCÈNE IV. — L'intérêt de cette courte scène : comment elle
souligne l'habileté de Dorante; la naïveté de Monsieur Jourdain. Cherchez dans cette scène des éléments qui prouvent que celui-ci n'est sensible
à aucun ridicule, si énorme soit-il.

Scène V. — MONSIEUR JOURDAIN,
DORIMÈNE, DORANTE,
CLÉONTE, *en turc,* COVIELLE, *déguisé.*

MONSIEUR JOURDAIN. — Où allez-vous donc? Nous ne saurions rien dire sans vous. *(Montrant Cléonte.)* Dites-lui un
peu que monsieur et madame sont des personnes de grande
qualité qui lui viennent faire la révérence comme mes amis,
5 et l'assurer de leurs services. *(A Dorimène et à Dorante.)* Vous
allez voir comme il va répondre.

COVIELLE. — *Alabala crociam acci boram alabamen.*

CLÉONTE. — *Catalequi tubal ourin soter amalouchan.*

MONSIEUR JOURDAIN, *à Dorimène et à Dorante.* — Voyez-
10 vous?

COVIELLE. — Il dit que la pluie des prospérités arrose en tout
temps le jardin de votre famille.

MONSIEUR JOURDAIN. — Je vous l'avais bien dit, qu'il parle
turc!

15 DORANTE. — Cela est admirable. **(7)**

Scène VI. — LUCILE, MONSIEUR JOURDAIN,
DORANTE, DORIMÈNE, CLÉONTE, COVIELLE.

MONSIEUR JOURDAIN. — Venez, ma fille; approchez-vous,
et venez donner votre main à monsieur, qui vous fait l'honneur
de vous demander en mariage.

LUCILE. — Comment! mon père, comme vous voilà fait!
5 Est-ce une comédie que vous jouez?

MONSIEUR JOURDAIN. — Non, non, ce n'est pas une comédie,
c'est une affaire fort sérieuse, et la plus pleine d'honneur pour
vous qui se peut souhaiter. *(Montrant Cléonte.)* Voilà le mari
que je vous donne.

10 LUCILE. — A moi, mon père?

MONSIEUR JOURDAIN. — Oui, à vous. Allons, touchez-lui dans
la main[1], et rendez grâces au ciel de votre bonheur.

---

1. *Touchez-lui dans la main :* voir page 84, note 4.

━━━━━ **QUESTIONS** ━━━━━

7. Sur la scène v. — Devant Cléonte impassible et digne, quel effet
comique produit l'agitation de Monsieur Jourdain? Comparez son attitude à celle de la fin de la scène iv de l'acte II.

LUCILE. — Je ne veux point me marier.

MONSIEUR JOURDAIN. — Je le veux, moi, qui suis votre père.

15 LUCILE. — Je n'en ferai rien.

MONSIEUR JOURDAIN. — Ah! que de bruit! Allons, vous dis-je. Çà, votre main.

LUCILE. — Non, mon père, je vous l'ai dit, il n'est point de pouvoir qui me puisse obliger à prendre un autre mari
20 que Cléonte; et je me résoudrai plutôt à toutes les extrémités que de (8)... *(Reconnaissant Cléonte.)* Il est vrai que vous êtes mon père, je vous dois entière obéissance; et c'est à vous à disposer de moi selon vos volontés.

MONSIEUR JOURDAIN. — Ah! je suis ravi de vous voir si
25 promptement revenue dans votre devoir; et voilà qui me plaît d'avoir une fille obéissante. (9)

SCÈNE VII. — MADAME JOURDAIN, MONSIEUR JOURDAIN, CLÉONTE, LUCILE, DORANTE, DORIMÈNE, COVIELLE.

MADAME JOURDAIN. — Comment donc? qu'est-ce que c'est que ceci? On dit que vous voulez donner votre fille en mariage à un carême-prenant[1]?

MONSIEUR JOURDAIN. — Voulez-vous vous taire, impertinente?
5 Vous venez toujours mêler vos extravagances à toutes choses, et il n'y a pas moyen de vous apprendre à être raisonnable.

MADAME JOURDAIN. — C'est vous qu'il n'y a pas moyen de rendre sage, et vous allez de folie en folie. Quel est votre dessein, et que voulez-vous faire avec cet assemblage?

10 MONSIEUR JOURDAIN. — Je veux marier notre fille avec le fils du Grand Turc.

MADAME JOURDAIN. — Avec le fils du Grand Turc?

---

1. *Carême-prenant* : voir page 59, note 3.

―――――――― QUESTIONS ――――――――

8. L'égoïsme autoritaire de Monsieur Jourdain : comment s'est-il précisé depuis qu'il est « Mamamouchi »? — L'attitude et le ton de Lucile : cherchez dans d'autres comédies de Molière des situations semblables.
9. SUR LA SCÈNE VI. — L'effet comique de cette scène : pourquoi Monsieur Jourdain n'est-il pas surpris du brusque revirement de Lucile?

MONSIEUR JOURDAIN, *montrant Covielle*. — Oui. Faites-lui faire vos compliments par le truchement que voilà.

15 MADAME JOURDAIN. — Je n'ai que faire de truchement, et je lui dirai bien moi-même, à son nez, qu'il n'aura point ma fille. (10)

MONSIEUR JOURDAIN. — Voulez-vous vous taire, encore une fois? (11)

20 DORANTE. — Comment! madame Jourdain, vous vous opposez à un honneur comme celui-là? Vous refusez Son Altesse Turque pour gendre?

MADAME JOURDAIN. — Mon Dieu, monsieur, mêlez-vous de vos affaires.

25 DORIMÈNE. — C'est une grande gloire, qui n'est pas à rejeter.

MADAME JOURDAIN. — Madame, je vous prie aussi de ne vous point embarrasser de ce qui ne vous touche pas.

DORANTE. — C'est l'amitié que nous avons pour vous qui nous fait intéresser dans vos avantages.

30 MADAME JOURDAIN. — Je me passerai bien de votre amitié.

DORANTE. — Voilà votre fille qui consent aux volontés de son père.

MADAME JOURDAIN. — Ma fille consent à épouser un Turc?

DORANTE. — Sans doute.

35 MADAME JOURDAIN. — Elle peut oublier Cléonte?

DORANTE. — Que ne fait-on pas pour être grand'dame?

MADAME JOURDAIN. — Je l'étranglerais de mes mains, si elle avait fait un coup comme celui-là.

MONSIEUR JOURDAIN. — Voilà bien du caquet. Je vous dis 40 que ce mariage-là se fera.

MADAME JOURDAIN. — Je vous dis, moi, qu'il ne se fera point.

MONSIEUR JOURDAIN. — Ah! que de bruit!

LUCILE. — Ma mère!

MADAME JOURDAIN. — Allez, vous êtes une coquine.

—— QUESTIONS ——

10. Pourquoi Molière n'a-t-il pas mis Madame Jourdain dans la confidence de toute cette mascarade? Depuis quand est-elle hors de l'action?
11. Recherchez combien de fois depuis le début de la pièce Monsieur Jourdain a ordonné à sa femme de se taire. Y a-t-il réussi?

45 MONSIEUR JOURDAIN, *à Mme Jourdain*. — Quoi! vous la que-
rellez de ce qu'elle m'obéit?

MADAME JOURDAIN. — Oui, elle est à moi aussi bien qu'à vous.

COVIELLE, *à Mme Jourdain*. — Madame!

MADAME JOURDAIN. — Que me voulez-vous conter, vous?

50 COVIELLE. — Un mot.

MADAME JOURDAIN. — Je n'ai que faire de votre mot.

COVIELLE, *à M. Jourdain*. — Monsieur, si elle veut écouter
une parole en particulier, je vous promets de la faire consentir
à ce que vous voulez.

55 MADAME JOURDAIN. — Je n'y consentirai point.

COVIELLE. — Écoutez-moi seulement.

MADAME JOURDAIN. — Non.

MONSIEUR JOURDAIN, *à Mme Jourdain*. — Écoutez-le.

MADAME JOURDAIN. — Non, je ne veux pas écouter.

60 MONSIEUR JOURDAIN. — Il vous dira...

MADAME JOURDAIN. — Je ne veux point qu'il me dise rien.

MONSIEUR JOURDAIN. — Voilà une grande obstination de
femme! Cela vous fera-t-il mal de l'entendre? **(12)**

COVIELLE. — Ne faites que m'écouter, vous ferez après ce
65 qu'il vous plaira.

MADAME JOURDAIN. — Hé bien, quoi?

COVIELLE, *à part à Mme Jourdain*. — Il y a une heure, madame,
que nous vous faisons signe. Ne voyez-vous pas bien que tout
ceci n'est fait que pour nous ajuster aux visions[1] de votre mari,
70 que nous l'abusons sous ce déguisement, et que c'est Cléonte
lui-même qui est le fils du Grand Turc?

MADAME JOURDAIN, *bas à Covielle*. — Ah! ah!

---

1. *Visions* : voir page 98, note 1.

————— **QUESTIONS** —————

12. La situation comique dans ce passage : est-on très inquiet des
résultats possibles de l'obstination de Madame Jourdain? Le rôle ridicule
de Monsieur Jourdain : comment soutient-il, surtout devant témoins,
son autorité de chef de famille? Que peut-on penser de l'intervention de
Dorante et de Dorimène dans cette querelle?

COVIELLE, *bas à Mᵐᵉ Jourdain.* — Et moi, Covielle, qui suis le truchement.

75 MADAME JOURDAIN, *bas à Covielle.* — Ah! comme cela je me rends.

COVIELLE, *bas à Mᵐᵉ Jourdain.* — Ne faites pas semblant de rien[1].

MADAME JOURDAIN, *haut.* — Oui, voilà qui est fait, je consens
80 au mariage.

MONSIEUR JOURDAIN. — Ah! voilà tout le monde raisonnable. *(A Mᵐᵉ Jourdain.)* Vous ne vouliez pas l'écouter. Je
savais bien qu'il vous expliquerait ce que c'est que le fils du
Grand Turc.

85 MADAME JOURDAIN. — Il me l'a expliqué comme il faut,
et j'en suis satisfaite. Envoyons querir un notaire. **(13)**

DORANTE. — C'est fort bien dit. Et afin, madame Jourdain,
que vous puissiez avoir l'esprit tout à fait content, et que vous
perdiez aujourd'hui toute la jalousie que vous pourriez avoir
90 conçue de monsieur votre mari, c'est que nous nous servirons
du même notaire pour nous marier, madame et moi.

MADAME JOURDAIN. — Je consens aussi à cela.

MONSIEUR JOURDAIN, *bas à Dorante.* — C'est pour lui faire
accroire?

95 DORANTE, *bas à M. Jourdain.* — Il faut bien l'amuser avec
cette feinte.

MONSIEUR JOURDAIN, *bas.* — Bon, bon! *(Haut.)* Qu'on aille
vite querir le notaire. **(14)**

DORANTE. — Tandis qu'il viendra et qu'il dressera les contrats,
100 voyons notre ballet, et donnons-en le divertissement à Son
Altesse Turque.

---

1. Pléonasme encore admis dans la langue familière au XVIIᵉ siècle, incorrect
aujourd'hui.

--- **QUESTIONS** ---

13. Madame Jourdain a-t-elle souvent été d'accord avec son mari?
L'effet comique de ce moment.
14. Dorante laisse à Monsieur Jourdain ses illusions sur Dorimène:
souhaiterait-on qu'il dise la vérité? Quelle serait la conséquence de cet
aveu?

MONSIEUR JOURDAIN. — C'est fort bien avisé. Allons prendre nos places.

MADAME JOURDAIN. — Et Nicole?

105   MONSIEUR JOURDAIN. — Je la donne au truchement; et ma femme, à qui la voudra.

COVIELLE. — Monsieur, je vous remercie. *(A part.)* Si l'on en peut voir un plus fou, je l'irai dire à Rome[1]. **(15) (16)**

(La comédie finit par un ballet qui avait été préparé.)

---

1. Cette dernière réplique est peut-être un souvenir d'une comédie de Boisrobert, *la Folle gageure* (1651), où un personnage disait, à propos de l'habileté d'un valet : « Si quelqu'un fourbe mieux, je l'irai dire à Rome. »

─────────── **QUESTIONS** ───────────

15. SUR L'ENSEMBLE DE LA SCÈNE VII. — L'opposition de Madame Jourdain met-elle en péril le dénouement? Pourquoi Molière a-t-il inventé ce dernier rebondissement?

— L'entêtement produit toujours un effet comique : étudiez celui de Madame Jourdain; comparez-le à celui de Madame Pernelle (*le Tartuffe*, V, III).

16. SUR L'ENSEMBLE DE L'ACTE V. — Le rythme de l'action comparé à celui des autres actes, notamment de l'acte III. Montrez qu'on est passé dans le domaine de la farce. Faut-il en conclure que cet acte est plus faible que les précédents? Comment le ballet vient-il couronner cet acte?

— Le dénouement : pouvait-on prévoir un heureux dénouement pour Cléonte-Lucile et Covielle-Nicole? En quoi le mariage de Dorante et de Dorimène peut-il satisfaire le spectateur, malgré le caractère un peu équivoque de Dorante?

— La moralité de la pièce. Monsieur Jourdain est-il guéri de ses prétentions nobiliaires? Comparez de ce point de vue la fin du *Bourgeois gentilhomme* à celle d'autres pièces de Molière que vous connaissez.

LE GRAND
SEIGNEUR
DE
CONSTAN-
TINOPLE

D'après
Bonnart,
dessinateur
de la
fin du
XVIIe
siècle.

Hosa Ki ou officier quele Grand seigneur employe pour porter ses ordres

Holuagi ou confiturier du serrail

vn Agiamoglan

Le CHIAOU BACKI, ou chef des Huissiers du Diuan.

vn DELI, ou vn des gardes du premier Visir

Phot. Larousse.

COSTUMES TURCS DU XVIIᵉ SIÈCLE

Bibliothèque des Arts décoratifs.

BALLET DES NATIONS
PREMIÈRE ENTRÉE

Un homme vient donner les livres du ballet, qui d'abord est fatigué
par une multitude de gens de provinces différentes qui crient en musique
pour en avoir, et par trois importuns qu'il trouve toujours sur ses pas.

DIALOGUE DES GENS
qui, en musique, demandent des livres.

TOUS

A moi, monsieur, à moi, de grâce, à moi, monsieur :
Un livre, s'il vous plaît, à votre serviteur.

HOMME DU BEL AIR[1]

Monsieur, distinguez-nous parmi les gens qui crient.
Quelques livres ici; les dames vous en prient.

AUTRE HOMME DU BEL AIR

5   Holà, monsieur! Monsieur, ayez la charité
D'en jeter de notre côté.

FEMME DU BEL AIR

Mon Dieu, qu'aux personnes bien faites
On sait peu rendre honneur céans[2]!

AUTRE FEMME DU BEL AIR

Ils n'ont des livres et des bancs
10   Que pour mesdames les grisettes[3].

GASCON

Aho! l'homme aux livres, qu'on m'en vaille[4].
J'ay déjà le poumon usé;
Bous voyez qué chacun mé raille,
Et je suis escandalisé
15   De boir ès mains de la canaille
Ce qui m'est par bous refusé.

AUTRE GASCON

Eh! cadédis, monseu, boyez qui l'on put être;
Un libret, je bous prie, au varon d'Asbarat.
Jé pensé, mordi! que le fat
20   N'a pas l'honnur dé mé connaître.

---

1. *Homme du bel air* : homme de manières élégantes et raffinées, sans nuance péjorative ici; 2. *Céans* : voir page 36, note 5; 3. *Grisette* : nom d'une étoffe dont s'habillent les femmes de condition médiocre; puis ces personnes mêmes; 4. *Vaille* : baille. Molière parodie la prononciation gasconne du temps, dont la particularité est de permuter les lettres *b* et *v*.

LE SUISSE

Mon'siur le donneur de papieir,
Que veul dire sti façon de fifre?
Moi l'écorchair tout mon gosieir
A crieir,
25   Sans que je pouvre afoir ein lifre;
Pardi, mon foi, Mon'siur, je pense fous l'être ifre.

*Le donneur de livres, fatigué par les importuns qu'il trouve toujours
sur ses pas, se retire en colère.*

VIEUX BOURGEOIS BABILLARD

De tout ceci, franc et net,
Je suis mal satisfait;
Et cela sans doute est laid
30   Que notre fille,
Si bien faite et si gentille,
De tant d'amoureux l'objet,
N'ait pas à son souhait
Un livre de ballet,
35   Pour lire le sujet
Du divertissement qu'on fait,
Et que toute notre famille
Si proprement s'habille,
Pour être placée au sommet
40   De la salle, où l'on met
Les gens de Lantriguet[1] :
De tout ceci, franc et net,
Je suis mal satisfait,
Et cela sans doute est laid.

VIEILLE BOURGEOISE BABILLARDE

45 Il est vrai que c'est une honte,
Le sang au visage me monte,
Et ce jeteur de vers qui manque au capital[2],
L'entend fort mal;
C'est un brutal,
50   Un vrai cheval
Franc animal,
De faire si peu de compte
D'une fille qui fait l'ornement principal
Du quartier du Palais-Royal,
55 Et que ces jours passés un comte
Fut prendre la première au bal.

---

1. Nom breton de Tréguier. Les gens de Lantriguet représentent, pour le bourgeois parisien, les provinciaux, les gens du commun; 2. Qui manque à l'essentiel de sa tâche.

Il l'entend mal,
C'est un brutal,
Un vrai cheval,
60 Franc animal.

HOMMES ET FEMMES DU BEL AIR

Ah! quel bruit!
Quel fracas!
Quel chaos!
Quel mélange!
Quelle confusion!
Quelle cohue étrange!
Quel désordre!
Quel embarras!
On y sèche.
L'on n'y tient pas.

GASCON

65 Bentre! je suis à vout.

AUTRE GASCON

J'enragé, Diou mé damne.

SUISSE

Ah! que l'y faire saif dans sti sal de cians.

GASCON

Jé murs.

AUTRE GASCON

Jé perds la tramontane[1].

SUISSE

Mon foi, moi, je foudrais être hors de dedans.

VIEUX BOURGEOIS BABILLARD

Allons, ma mie,
70 Suivez mes pas,
Je vous en prie,
Et ne me quittez pas,
On fait de nous trop peu de cas,
Et je suis las
75 De ce tracas :
Tout ce fatras,
Cet embarras,
Me pèse par trop sur les bras.
S'il me prend jamais envie
80 De retourner de ma vie
A ballet ni comédie,

---

1. *La tramontane* : l'étoile polaire. Cf. l'expression populaire contemporaine : « Je perds le nord, la boussole. »

Je veux bien qu'on m'estropie.
Allons, ma mie,
Suivez mes pas,
85   Je vous en prie,
Et ne me quittez pas,
On fait de nous trop peu de cas.

VIEILLE BOURGEOISE BABILLARDE

Allons, mon mignon, mon fils,
Regagnons notre logis,
90   Et sortons de ce taudis
Où l'on ne peut être assis;
Ils seront bien ébaubis
Quand ils nous verront partis.
Trop de confusion règne dans cette salle,
95   Et j'aimerais mieux être au milieu de la halle;
Si jamais je reviens à semblable régale[1],
Je veux bien recevoir des soufflets plus de six.
Allons, mon mignon, mon fils,
Regagnons notre logis,
100   Et sortons de ce taudis
Où l'on ne peut être assis.

TOUS

A moi, monsieur, à moi, de grâce, à moi, monsieur :
Un livre, s'il vous plaît, à votre serviteur.

DEUXIÈME ENTRÉE

Les trois importuns dansent.

TROISIÈME ENTRÉE

Trois Espagnols chantent.

PREMIER ESPAGNOL, *chantant.*

Texte	Traduction
Sé que me muero de amor,	*Je sais que je meurs d'amour,*
Y solicito el dolor.	*Et je recherche la douleur.*
A un muriendo de querer	*Quoique mourant de désir,*
De tan buen ayre adolezco,	*Je dépéris de si bon air*
5 Que es mas de lo que padezco	*Que ce que je désire souffrir,*
Lo que quiero padecer,	*Est plus que ce que je souffre ;*

---

1. *Régale* : voir page 97, note 4.

Y no pudiento exceder   *Et la rigueur de mon mal*
A mi deseo el rigor.   *Ne peut excéder mon désir.*

Sé que me muero de amor   *Je sais que je meurs d'amour,*
10 Y solicito el dolor.   *Et je recherche la douleur.*

Lisonxeame la suerte   *Le sort me flatte*
Con piedad tan advertida,   *Avec une pitié si attentive*
Que me assegura la vida   *Qu'il m'assure la vie*
En el riesgo de la muerte.   *Dans le danger et dans la mort.*
15 Vivir de su golpe fuerte   *Vivre d'un coup si fort*
Es de mi salud primor,   *Est le prodige de mon salut.*

Sé que me muero de amor,   *Je sais que je meurs d'amour,*
Y solicito el dolor.   *Et je recherche la douleur.*

Danse de six Espagnols,
après laquelle deux autres Espagnols dansent encore ensemble.

PREMIER ESPAGNOL, *chantant.*

Ay! que locura, con tanto rigor   *Ah! Quelle folie de se plaindre*
20 Quexarce de Amor,   *Si fort de l'Amour ;*
Del nino bonito   *De l'enfant gentil*
Que todo es dulçura   *Qui est la douceur même!*
Ay! que locura!   *Ah! Quelle folie!*
Ay! que locura!   *Ah! Quelle folie!*

DEUXIÈME ESPAGNOL, *chantant.*

25 El dolor solicita,   *La douleur tourmente*
El que al dolor se da,   *Celui qui s'abandonne à la dou-*
Y nadie de amor muere   [*leur ;*
Sino quien no save amar.   *Et personne ne meurt d'amour,*
     Si ce n'est celui qui ne sait pas
     [*aimer.*

PREMIER ET DEUXIÈME ESPAGNOLS, *chantant.*

Duelce muerte es el amor   *L'amour est une douce mort,*
30 Con correspondencia igual,   *Quand on est payé de retour ;*
Y si esta gozamos hoy   *Et nous en jouissons aujourd'hui,*
Porque la quieres turbar?   *Pourquoi la veux-tu troubler?*

PREMIER ESPAGNOL, *chantant.*

Alegrese enamorado   *Que l'amant se réjouisse*
Y tome mi parecer,   *Et adopte mon avis ;*
35 Que en esto de querer   *Car, lorsqu'on désire,*
Todo es hallar el vado.   *Tout est de trouver le moyen.*

TOUS TROIS ENSEMBLE

Vaya, vaya de fiestas!	*Allons! Allons! Des fêtes!*
Vaya de vayle!	*Allons! De la danse!*
Alegria, alegria, alegria!	*Gai, gai, gai!*
40 Que esto de dolor es fantasia!	*La douleur n'est qu'imagination!*

TROISIEME ENTRÉE

ITALIENS

UNE MUSICIENNE ITALIENNE *fait le premier récit dont voici les paroles.*

Di rigori armata il seno	*Ayant armé mon sein de rigueurs,*
Contro Amor mi ribellai,	*En un clin d'œil je me révoltai*
	[contre l'Amour;
Ma fui vinta in un baleno	*Mais je fus vaincue*
In mirar due vaghi rai.	*En regardant deux beaux yeux.*
5 Ahi! che resiste puoco	*Ah! Qu'un cœur de glace*
Cor di gelo a stral di fuoco!	*Résiste peu à une flèche de feu.*
Ma si caro è 'l mio tormento,	*Cependant mon tourment m'est*
	[si cher,
Dolce è si la piaga mia,	*Et ma plaie m'est si douce,*
Ch' il penare è 'l mio contento,	*Que ma peine fait mon bonheur,*
10 E 'l sanarmi è tirannia.	*Et que me guérir serait une*
	[tyrannie.
Ahi! che più giova e piace	*Ah! Plus l'amour est vif,*
Quanto amor è più vivace!	*Plus il y a de joie et de plaisir.*

Après l'air que la musicienne a chanté, deux Scaramouches, deux Trivelins et un Arlequin représentent une nuit à la manière des comédiens italiens, en cadence.

Un musicien italien se joint à la musicienne italienne et chante avec elle les paroles qui suivent :

Texte	**Traduction**

LE MUSICIEN ITALIEN

Bel tempo che vola	*Le beau temps qui s'envole*
Rapisce il contento;	*Emporte le plaisir;*
15 D'Amor ne la scola	*A l'école d'Amour*
Si coglie il momento.	*On apprend à profiter du moment.*

LA MUSICIENNE

Insin che florida	*Tant que rit l'âge fleuri,*
Ride l' età	*Qui trop promptement, hélas!*
Che pur tropp' horrida	*S'éloigne de nous.*
20 Da noi sen và.	

TOUS DEUX

Sù cantiamo,	*Chantons,*
Sù godiamo,	*Jouissons,*
Ne' bei di di gioventù :	*Dans les beaux jours de la jeu-*
	[nesse.
Perduto ben non si racquista più.	*Un bien perdu ne se recouvre plus.*

LE MUSICIEN

25
Pupilla ch'e vaga	*Un bel œil*
Mill' alm incatena,	*Enchaîne mille cœurs ;*
Fà dolce la piaga,	*Ses blessures sont douces ;*
Felice la pena.	*Le mal qu'il cause*
	Est un bonheur.

LA MUSICIENNE

30
Ma poiche frigida	*Mais quand languit*
Langue l'età	*L'âge glacé,*
Più l'alma rigida	*L'âme engourdie*
Fiamme non hà.	*N'a plus de feux.*

TOUS DEUX

35
Sù cantiamo,	*Chantons,*
Sù godiamo,	*Jouissons*
Ne' bei di di gioventù :	*Dans les beaux jours de la jeu-*
	[nesse :
Perduto ben non si racquista più.	*Un bien perdu ne se recouvre plus.*

Après le dialogue italien,
les Scaramouches et Trivelins dansent une réjouissance.

CINQUIÈME ENTRÉE

FRANÇAIS

Deux musiciens poitevins dansent et chantent les paroles qui suivent.

PREMIER MENUET

PREMIER MUSICIEN

Ah! qu'il fait beau dans ces bocages!
Ah! que le ciel donne un beau jour!

AUTRE MUSICIEN

Le rossignol, sous ces tendres feuillages,
Chante aux échos son doux retour.

5   Ce beau séjour,
Ces doux ramages,
Ce beau séjour,
Nous invite à l'amour.

DEUXIÈME MENUET

TOUS DEUX ENSEMBLE

Vois ma Climène,
10   Vois, sous ce chêne
S'entrebaiser ces oiseaux amoureux.
Ils n'ont rien dans leurs vœux
Qui les gêne,
De leurs doux feux
15   Leur âme est pleine.
Qu'ils sont heureux!
Nous pouvons tous deux,
Si tu le veux,
Être comme eux.

Six autres Français viennent après, vêtus galamment à la poitevine, trois en hommes et trois en femmes, accompagnés de huit flûtes et de hautbois, et dansent les menuets.

SIXIÈME ENTRÉE

Tout cela finit par le mélange des trois nations et les applaudissements en danse et en musique de toute l'assistance, qui chante les deux vers qui suivent :

Quels spectacles charmants, quels plaisirs goûtons-nous!
Les dieux mêmes, les dieux n'en ont point de plus doux[1].

―――――――

1. A la fin du ballet des nations, l'édition de 1734 donne les noms des personnes qui ont chanté et dansé dans *le Bourgeois gentilhomme*. Rappelons que la partition de Lully avec des indications techniques sur les intermèdes nous est parvenue grâce à un exemplaire de 185 pages copié par le musicien Philidor et portant le titre suivant : « *Le Bourgeois gentilhomme*, comédie-ballet ; donné par le roi à toute sa cour dans le château de Chambord au mois d'octobre 1670; fait par M. de Lully, surintendant de la musique du Roy, et par le sieur Molière. » Cet ouvrage reproduit le texte de Molière (conforme à l'édition de 1674) et les divers morceaux de musique insérés à la place que leur assignait la représentation de la comédie-ballet.

DOCUMENTATION THÉMATIQUE
réunie par la Rédaction des Nouveaux Classiques Larousse.

1. Monsieur Jourdain, personnage comique :
    1.1. Les interprétations ;
    1.2. Le spectacle.

2. *Le Bourgeois gentilhomme* et *Monsieur de Pourceaugnac*.
3. Le rôle de la turquerie.
4. Molière et les mœurs du temps :
    4.1. L'accueil fait au *Bourgeois gentilhomme* ;
    4.2. Stendhal.

1. MONSIEUR JOURDAIN, PERSONNAGE COMIQUE

1.1. LES INTERPRÉTATIONS

Si certains acteurs ont marqué de leur personnalité les personnages de Molière qu'ils ont interprétés (ainsi de Louis Jouvet ou de Fernand Ledoux pour Tartuffe), aucun n'a incarné Monsieur Jourdain au point de laisser un souvenir ineffaçable dans ce rôle. Voici un rapide panorama des acteurs qui, de Molière à nos jours, jouèrent le Bourgeois, d'après M. Descotes, *les Grands Rôles du théâtre de Molière.*

> C'est, tout d'abord, Molière : « Un Jourdain *bilieux,* et non sanguin, tel fut celui de Molière, un rôle encore d'homme emporté, trop vif, sans cesse en mouvement ; un rôle qui, en dépit des apparences, rejoint celui d'Arnolphe. »

> On passe au siècle suivant avec Préville : « Le plus célèbre Jourdain du XVIIIe siècle fut Préville. Le rôle revenait encore à un comédien qui faisait merveille dans les valets, les Crispins en particulier : c'était la tradition de Paul Poisson continuée. Mais l'esprit du siècle imprégnait Préville et sa gaîté était plus leste, plus incisive que celle de son prédécesseur. Aussi atteignait-il à un haut point d'équilibre comique : dans le rôle, il était gauche de corps et d'esprit, d'un bout à l'autre, mais gauche à faire plaisir, et voilà le difficile. (Cailhava, *Etudes sur Molière.*)

On relèvera l'allusion à la gaucherie *de corps :* le côté mimique était bien mis en valeur.

> Dugazon, appartenant aux XVIIIe et XIXe siècles, était d'un autre tempérament : « Avec un tempérament comme le sien, porté aux extrêmes de la bouffonnerie, il ne pouvait se satisfaire des nombreux lazzis prévus par Molière. Et, sans se préoccuper des exigences du bon goût, il en rajoutait. C'est Dugazon qui entreprit de corser encore la colère de M. Jourdain envers sa femme, lorsque celle-ci vient troubler le repas : saisissant les pièces du repas, il chassait l'importune en lui jetant des petits pâtés. C'était dépasser l'intention de Molière. »

> Rien d'étonnant qu'il ait usé de mimiques expressives : « Dugazon mettait à profit d'autre part les ressources du rôle en grimaces. Son don naturel de mobiliser sa physionomie le servait alors admirablement. [...] Les effets comiques obtenus par Dugazon, même lorsqu'ils étaient dus à des moyens contestables, avaient le mérite d'être l'expression naturelle d'une personnalité exubérante. »

Et l'on aboutit au xx° siècle avec Maurice de Féraudy :
« Comédien « de réflexion et non de complexion », Féraudy
se trouva gêné par les parties franchement burlesques du
rôle et il donna, en quelque sorte, la « réhabilitation » du personnage. Avec lui, Jourdain devenait sympathique : après
tout, fit-on observer, mieux vaut être volé que voleur. »
« Il y met, écrivait Souday, un excès de finesse ou plutôt de
discrétion. Sa niaiserie est trop douce et point assez délirante
pour un homme qui consent à être sacré mamamouchi. »
Il ne faut donc pas s'étonner si *le Bourgeois* fut une des comédies de Molière choisies par ceux qui, à la même époque,
entendaient rendre à ce répertoire toute sa puissance comique.

Montpreux, directeur de l'Odéon, explique pourquoi Molière
passe à Bobino : « En jouant une œuvre de Molière, Bobino
ne croit pas manquer au respect que l'on doit à l'un des plus
grands génies dont s'honore notre littérature. Il estime que
son public populaire est plus près qu'aucun autre du génie de
Molière, et qu'en jouant Molière au peuple il renoue la tradition... Débarrassons-nous des traditions étroites et arbitraires
des écoles, des superstitions de certains lettrés qu'un amour
trop exclusif du maître aveugle, et jouons Molière au peuple
sans d'autre souci que d'être sincères et gais. »

Pour M. Descotes, c'est à Léon Bernard que l'on devrait la
meilleure interprétation du Bourgeois : « En fin de compte,
un des plus estimables Jourdain qu'ait connus l'époque
moderne reste celui que le Théâtre-Français présenta en 1925 :
Léon Bernard, l'Arnolphe qui fut opposé à celui de Guitry.
Cette fois, Léon Bernard n'avait pas à souffrir d'une comparaison trop lourde. Moins fin, moins subtil que Féraudy, il possé-
dait le « don de sympathie », c'est-à-dire la rondeur, le visage
épanoui. Il était jovial, candide, rubicond, plaisamment
« gonflé d'importance comme un dindon » [Catulle-Mendès] ;
mais son comique restait sagement mesuré : « plaisant et même
ridicule, jamais grotesque » [Mas] ; « il ne tombe jamais dans
le burlesque » [Nozière].

Nous lui laisserons également le soin de conclure : « On en
arrive ainsi à cette conclusion qu'aucun comédien ne s'est
vraiment imposé dans le rôle de M. Jourdain au point d'atta-
cher son nom de façon définitive au personnage. [...] Les
acteurs à très forte personnalité (Molé, Guitry, Jouvet par
exemple) l'ont négligé ; par contre Jourdain a permis d'excel-
lentes créations à des interprètes de style plus classique et
de moyens moins puissants. C'est que le rôle est d'un comique
traditionnel, qu'il ne permet pas de grandes variations, qu'il
ne met en jeu qu'un travers bénin (la vanité) et non pas un
vice ou une grande passion : un rôle de demi-caractère en

quelque sorte. Un Thiron, acteur honorable, y réussit mieux qu'un Coquelin ou qu'un Raimu. C'est enfin que, en dépit de sa position de protagoniste, M. Jourdain n'était, dans l'esprit de Molière, qu'une pièce dans un ensemble qui faisait la place essentielle aux ressources vocales, musicales et chorégraphiques du spectacle. »

En effet, la pièce n'est pas une comédie de caractère, essentiellement : « Quoi qu'il en soit, *le Bourgeois gentilhomme* présente dès l'abord aux comédiens un problème fondamental, qui porte sur la place à réserver au spectacle. On peut concevoir une représentation qui, selon les vœux de Sarcey, ne porte que sur la partie de comédie. On peut essayer d'élargir les dimensions de l'œuvre : c'est ce que tentait en 1913 l'Odéon en donnant à la pièce un décor somptueusement oriental (ce qui est un non-sens, car pourquoi M. Jourdain habiterait-il un appartement à la turque?). C'est ce qu'a réalisé, tout récemment, la Comédie-Française, sous la direction de M. P.-A. Touchard, d'abord pour le festival d'été de Strasbourg. Selon l'administrateur, « les divertissements avaient la splendeur d'un rêve des mille et une nuits ». (Id., *Ibid.*)

1.2. LE SPECTACLE

Le Bourgeois gentilhomme, comme le souligne M. Descotes, est une pièce où le spectacle a une place importante :

Ce caractère original de *spectacle* a pourtant laissé des traces dans le texte lui-même. On a bien souvent observé la faiblesse de l'intrigue, sa banalité même, la structure très lâche de l'action (à la fin du 1er acte aucun nœud dramatique n'est posé). Beaucoup plus que *l'Avare,* le *Bourgeois* se présente en fait comme une suite de sketches, ce qui laisse aux interprètes une certaine latitude pour broder, développer des jeux de scène : au début du XIXe siècle, Faure, danseur à l'Opéra, qui tenait le rôle du Maître à danser, s'en donnait à cœur joie pour multiplier le nombre des révérences (II, 1, fin de la scène) et les accompagnait même d'un texte de son cru.

Trois témoignages vont nous le faire sentir :

◆ *Le décor.* — On peut lire dans le *Mémoire* de Mahelot : « Le théâtre est une chambre. Une ferme. Il faut des sièges, une table pour le festin et une pour le buffet. Les ustensiles pour la cérémonie. » La *ferme,* en terme de théâtre, est, selon le *Dictionnaire de l'Académie* de 1694, « une décoration montée sur un châssis, qui se détache en avant de la toile de fond, telle qu'une colonnade ». On peut comprendre qu'il s'agissait ici d'un premier fond avec une porte praticable donnant sur un vestibule d'où pouvaient paraître les cortèges du troisième intermède et de la cérémonie turque.

◆ *Le costume de Monsieur Jourdain.* — L'inventaire fait au décès de Molière a permis de connaître assez exactement le costume des divers rôles que jouait l'acteur-auteur. En particulier, il est dit pour celui de Monsieur Jourdain :

Un habit pour la représentation du *Bourgeois gentilhomme*, consistant en une robe de chambre rayée, doublée de taffetas aurore et vert, un haut-de-chausses de panne rouge, une camisole de panne bleue [*ce doit être une erreur de l'huissier-priseur et sans doute faut-il lire « vert »*], un bonnet de nuit et une coiffe, des chausses et une écharpe de toile peinte à l'indienne [*cette écharpe servait sans doute de ceinture à la robe de chambre*].

Après cette description de ce qu'était le « déshabillé » dont il est question à l'acte premier, scène II, voici le costume de la cérémonie turque : *Une veste à la turque et un turban, un sabre.* Pour l'habit dont Monsieur Jourdain est revêtu à la fin du deuxième acte, voici ce qui en est dit : « Des chausses de brocard aussi garnies de rubans vert et aurore, et deux points de Sedan. Le pourpoint de taffetas garni de dentelle d'argent faux. Le ceinturon, des bas de soie verts et des gants, avec un chapeau garni de plumes aurore et vert. »

◆ *Une interprétation de la leçon de danse.* — On peut logiquement supposer que la tirade écrite par Molière pour la leçon de danse était amplifiée, du vivant même de l'auteur. Voici le texte, souvent choisi pour la représentation, dû à un certain Faure, danseur à l'Opéra avant la Révolution, et qui entra en 1808 à la Comédie-Française, où il triompha souvent dans le rôle du maître à danser.

Le maître à danser, à Monsieur Jourdain. — Placez-vous, Monsieur, le corps droit, la tête haute, le sourire aux lèvres. Bien. — Troisième position : le talon à la rosette du soulier. Effacez vos épaules... Un peu plus... Soutenez vos coudes... sans raideur. La poitrine en avant... Un peu moins... Ecartez le petit doigt. — C'est ce que nous appelons de la grâce. Souriez. Bon. — Nous saluons du bras droit. (*Il salue.*) Un, deux, trois et quatre. — Pour le bras gauche : le coude à la hauteur de l'épaule. En passant la main devant vous, déployez le bras dans toute sa longueur pour présenter, en souriant, la main à la dame. Ainsi (*galamment*) : Madame ! Moi seul, une fois, pour la mémoire. (*Il danse en chantant.*) La, la, la, la, la, etc. A vous, Monsieur. (*Pendant que Monsieur Jourdain danse, le maître à danser chante.*) La, la, la, la, la ; la jambe droite. La, la, la. Bien.

Ensemble maintenant, Monsieur. Vous, par ici, moi, par là. (*Chantant et dansant.*) La, la, la, la, la, la, etc. Bien. Tenez-vous droit, Monsieur. Le corps sur la jambe qui est derrière.

Le menton à l'épaule ; regardez-moi ; souriez. Nous partons. Deux pas en avant ; en cadence (*il danse avec Monsieur Jourdain*) la, la, la. Ne remuez point tant les épaules. Donnez-moi la main. La, la, la. Regardez-moi, Monsieur, sous le bras, gracieusement. Là ; vos deux bras sont estropiés... Nous continuons, Monsieur. Rendons les saignées. Ne cassez point vos poignets. Deux pas en avant. En cadence (*il chante et danse*) : la, la, la, la, la, la... Tournez la pointe du pied en dehors. La, la, la. Dressez votre corps. Bien. Assemblé soutenu en tournant. Des demi-pointes, Monsieur, des demi-pointes ! — Bon ! Saluez. Souriez... On ne peut pas mieux.

2. *LE BOURGEOIS GENTILHOMME* ET *MONSIEUR DE POURCEAUGNAC*

{ On pourra rapprocher de la scène v de l'acte IV, la quatrième scène de l'acte premier de *Monsieur de Pourceaugnac*.

Scène IV. — Éraste, Sbrigani, Monsieur de Pourceaugnac.

ÉRASTE. — Ah ! qu'est-ce ci ? que vois-je ? Quelle heureuse rencontre ! Monsieur de Pourceaugnac ! Que je suis ravi de vous voir ! Comment ? il semble que vous ayez peine à me reconnaître !

MONSIEUR DE POURCEAUGNAC. — Monsieur, je suis votre serviteur.

ÉRASTE. — Est-il possible que cinq ou six années m'aient ôté de votre mémoire ? et que vous ne reconnaissiez pas le meilleur ami de toute la famille des Pourceaugnacs ?

MONSIEUR DE POURCEAUGNAC. — Pardonnez-moi. (*A Sbrigani.*) Ma foi ! je ne sais qui il est.

ÉRASTE. — Il n'y a pas un Pourceaugnac à Limoges que je ne connaisse depuis le plus grand jusques au plus petit ; je ne fréquentais qu'eux dans le temps que j'y étais, et j'avais l'honneur de vous voir presque tous les jours.

MONSIEUR DE POURCEAUGNAC. — C'est moi qui l'ai reçu, Monsieur.

ÉRASTE. — Vous ne vous remettez point mon visage ?

MONSIEUR DE POURCEAUGNAC. — Si fait. (*A Sbrigani.*) Je ne le connais point.

ÉRASTE. — Vous ne vous ressouvenez pas que j'ai eu le bonheur de boire avec vous je ne sais combien de fois ?

MONSIEUR DE POURCEAUGNAC. — Excusez-moi. (*A Sbrigani.*) Je ne sais ce que c'est.

ÉRASTE. — Comment appelez-vous ce traiteur de Limoges qui fait si bonne chère ?

MONSIEUR DE POURCEAUGNAC. — Petit-Jean ?

ÉRASTE. — Le voilà. Nous allions le plus souvent ensemble chez lui nous réjouir. Comment est-ce que vous nommez à Limoges ce lieu où l'on se promène ?

MONSIEUR DE POURCEAUGNAC. — Le cimetière des Arènes ?

ÉRASTE. — Justement : c'est où je passais de si douces heures à jouir de votre agréable conversation. Vous ne vous remettez pas tout cela ?

MONSIEUR DE POURCEAUGNAC. — Excusez-moi, je me le remets. (*A Sbrigani.*) Diable emporte si je m'en souviens !

SBRIGANI, *bas à M. de Pourceaugnac.* — Il y a cent choses comme cela qui passent de la tête.

ÉRASTE. — Embrassez-moi donc, je vous prie, et resserrons les nœuds de notre ancienne amitié.

SBRIGANI, *à M. de Pourceaugnac.* — Voilà un homme qui vous aime fort.

ÉRASTE. — Dites-moi un peu des nouvelles de toute la parenté : comment se porte Monsieur votre... là... qui est si honnête homme ?

MONSIEUR DE POURCEAUGNAC. — Mon frère le consul[1] ?

ÉRASTE. — Oui.

MONSIEUR DE POURCEAUGNAC. — Il se porte le mieux du monde.

ÉRASTE. — Certes j'en suis ravi. Et celui qui est de si bonne humeur ? là... Monsieur votre... ?

MONSIEUR DE POURCEAUGNAC. — Mon cousin l'assesseur[2] ?

ÉRASTE. — Justement.

MONSIEUR DE POURCEAUGNAC. — Toujours gai et gaillard.

ÉRASTE. — Ma foi ! j'en ai beaucoup de joie. Et Monsieur votre oncle ? le... ?

MONSIEUR DE POURCEAUGNAC. — Je n'ai point d'oncle.

ÉRASTE. — Vous aviez pourtant en ce temps-là...

MONSIEUR DE POURCEAUGNAC. — Non, rien qu'une tante.

ÉRASTE. — C'est ce que je voulais dire ; Madame votre tante, comment se porte-t-elle ?

MONSIEUR DE POURCEAUGNAC. — Elle est morte depuis six mois.

ÉRASTE. — Hélas! la pauvre femme! elle était si bonne personne.

MONSIEUR DE POURCEAUGNAC. — Nous avons aussi mon neveu le chanoine qui a pensé mourir de la petite vérole.

ÉRASTE. — Quel dommage ç'aurait été!

MONSIEUR DE POURCEAUGNAC. — Le connaissiez-vous aussi?

ÉRASTE. — Vraiment si je le connais! Un grand garçon bien fait.

MONSIEUR DE POURCEAUGNAC. — Pas des plus grands.

ÉRASTE. — Non, mais de taille bien prise.

MONSIEUR DE POURCEAUGNAC. — Eh! oui.

ÉRASTE. — Qui est votre neveu...

MONSIEUR DE POURCEAUGNAC. — Oui.

ÉRASTE. — Fils de votre frère... ou de votre sœur...

MONSIEUR DE POURCEAUGNAC. — Justement.

ÉRASTE. — Chanoine de l'église de... Comment l'appelez-vous?

MONSIEUR DE POURCEAUGNAC. — De Saint-Etienne.

ÉRASTE. — Le voilà, je ne connais autre.

MONSIEUR DE POURCEAUGNAC, *à Sbrigani*. — Il dit toute la parenté.

SBRIGANI. — Il vous connaît plus que vous ne croyez.

MONSIEUR DE POURCEAUGNAC. — A ce que je vois, vous avez demeuré longtemps dans notre ville?

ÉRASTE. — Deux ans entiers.

MONSIEUR DE POURCEAUGNAC. — Vous étiez donc là quand mon cousin l'élu[3] fit tenir[4] son enfant à Monsieur notre gouverneur[5]?

ÉRASTE. — Vraiment oui, j'y fus convié des premiers.

MONSIEUR DE POURCEAUGNAC. — Cela fut galant[6].

ÉRASTE. — Très-galant.

MONSIEUR DE POURCEAUGNAC. — C'était un repas bien troussé.

ÉRASTE. — Sans doute.

MONSIEUR DE POURCEAUGNAC. — Vous vîtes donc aussi la querelle que j'eus avec ce gentilhomme périgordin[7]?

ÉRASTE. — Oui.

MONSIEUR DE POURCEAUGNAC. — Parbleu! il trouva à qui parler.

ÉRASTE. — Ah! ah!

MONSIEUR DE POURCEAUGNAC. — Il me donna un soufflet, mais je lui dis bien son fait.

ÉRASTE. — Assurément. Au reste, je ne prétends pas que vous preniez d'autre logis que le mien.

MONSIEUR DE POURCEAUGNAC. — Je n'ai garde de...

ÉRASTE. — Vous moquez-vous ? Je ne souffrirai point du tout que mon meilleur ami soit autre part que dans ma maison.

MONSIEUR DE POURCEAUGNAC. — Ce serait vous...

ÉRASTE. — Non, le diable m'emporte! vous logerez chez moi.

SBRIGANI, *à M. de Pourceaugnac*. — Puisqu'il le veut obstiné-ment, je vous conseille d'accepter l'offre.

ÉRASTE. — Où sont vos hardes[8] ?

MONSIEUR DE POURCEAUGNAC. — Je les ai laissées, avec mon valet, où je suis descendu.

ÉRASTE. — Envoyons-les quérir par quelqu'un.

MONSIEUR DE POURCEAUGNAC. — Non, je lui ai défendu de bouger, à moins que j'y fusse moi-même, de peur de quelque fourberie.

SBRIGANI. — C'est prudemment avisé.

MONSIEUR DE POURCEAUGNAC. — Ce pays-ci est un peu sujet à caution.

ÉRASTE. — On voit les gens d'esprit en tout.

SBRIGANI. — Je vais accompagner Monsieur, et le ramènerai où vous voudrez.

ÉRASTE. — Oui, je serai bien aise de donner quelques ordres, et vous n'avez qu'à revenir à cette maison-là.

SBRIGANI. — Nous sommes à vous tout à l'heure.

ÉRASTE, *à M. de Pourceaugnac*. — Je vous attends avec im-patience.

MONSIEUR DE POURCEAUGNAC, *à Sbrigani*. — Voilà une connais-sance où je ne m'attendais point.

SBRIGANI. — Il a la mine d'être honnête homme.

ÉRASTE, *seul*. — Ma foi! Monsieur de Pourceaugnac, nous vous en donnerons de toutes les façons; les choses sont pré-parées, et je n'ai qu'à frapper.

3. LE RÔLE DE LA TURQUERIE

D'Arvieux, dans ses *Mémoires*, raconte comment l'idée en serait venue :

> Le Roi ayant voulu faire un voyage à Chambord pour y prendre le divertissement de la chasse, voulut donner à la Cour

celui d'un ballet et, comme l'idée des Turcs qu'on venait de voir à Paris était encore toute récente, il crut qu'il serait bon de les faire paraître sur la scène. Sa Majesté m'ordonna de me joindre à Messieurs Molière et de Lulli pour composer une pièce de théâtre où l'on pût faire entrer quelque chose des habillements et des manières des Turcs. Je me rendis pour cet effet au village d'Auteuil où M. de Molière avait une maison fort jolie. Ce fut là que nous travaillâmes à cette pièce de théâtre que l'on voit dans les œuvres de Molière sous le titre de *Bourgeois gentilhomme*, qui se fit Turc pour épouser la fille du Grand Seigneur. Je fus chargé de tout ce qui regardait les habillements et les manières des Turcs. La pièce achevée, on la présenta au Roi qui l'agréa, et je demeurai huit jours chez Baraillon, maître tailleur, pour faire faire les habits et turbans à la turque. Tout fut transporté à Chambord et sa pièce représentée dans le mois de septembre, avec un succès qui satisfit le Roi et toute la Cour. Sa Majesté eut la bonté de dire qu'Elle voyait bien que le chevalier d'Arvieux s'en était mêlé, à quoi M. le Duc d'Aumont et M. Daquin répondirent : Sire, nous pouvons assurer Votre Majesté qu'il y a pris un très grand soin et qu'il cherchera toutes les occasions de faire quelque chose qui lui puisse être agréable. Le Roi répliqua qu'il en était persuadé et qu'il ne m'avait jamais rien commandé que je n'eusse fait à sa satisfaction, qu'il aurait soin de moi et qu'il s'en souviendrait dans les occasions.

Ces paroles obligeantes sorties de la bouche d'un si grand Monarque m'attirèrent les compliments de toute la Cour. C'est une eau bénite dont les courtisans ne sont pas chiches. Le Ballet et la Comédie furent représentés avec un si grand succès que, quoiqu'on les répétât plusieurs fois de suite, tout le monde le redemandait encore ; aussi ne pouvait-on rien ajouter à l'habileté des acteurs. On voulut même faire entrer les scènes turques dans le ballet de *Psyché* qu'on préparait pour le carnaval suivant, mais, après y avoir bien pensé, on jugea que ces deux sujets ne pouvaient pas s'allier ensemble.

(D'Arvieux, *Mémoires*, 1735.)

Mais, dès 1645, faire parler le turc à des personnages de comédie était un élément comique. Le passage suivant (v. 1015-1023) de *la Sœur* de Rotrou en fait foi :

◆ Acte III, scène IV. — LÉLIE, ERGASTE, ANSELME, HORACE.

ANSELME

1015 Il n'entend pas la langue, et ne peut te répondre.

ERGASTE

Eh bien, lui parlant turc, je sais bien le confondre.
Cabrisciam ogni boraf, embusaim Constantinopola[⁹]?

LÉLIE, *à part.*

O rare, ô brave Ergaste !

HORACE

Ben belmen, ne sensulez.

ANSELME

Eh bien, que veut-il dire ?

ERGASTE

Qu'en vous en imposant son père a voulu rire,
Qu'il est d'humeur railleuse, et n'a jamais été
1020 En Turquie.

ANSELME

En quel lieu l'a-t-il donc racheté ?

ERGASTE, *à Horace*

Carigar camboco, ma io ossansando ?

HORACE

Bensem, belmen.

ERGASTE

A Lipse[¹⁰] en Nègrepont[¹¹].

ANSELME

O tête vieille et folle !
Sachez par quel chemin ils sont venus à Nole.

ERGASTE

Ossasando, nequei, nequet, poter lever cosir Nola[¹²]?

HORACE

Sachina, basumbasce, agrir se.

ERGASTE

Il dit qu'on vient par mer, sans passer par Venise.

◆ Acte III, scène v. — GÉRONTE, ANSELME, HORACE.

ANSELME

Le voilà.

GÉRONTE

Grâce au ciel, à mes souhaits prospère,
1060 Ayant passé chez moi j'ai rencontré mon frère,

Qui, me sollicitant d'accepter son logis,
M'oblige à revenir pour reprendre mon fils.
J'en usais librement ; excusez, je vous prie.

ANSELME

Géronte, un mot, de grâce : apprend-on en Turquie
1065 Ou dans le cabaret à jouer ses amis ?

GÉRONTE

En l'un ni l'autre lieu je ne l'ai point appris ;
Ce n'est point mon humeur.

ANSELME

           Non ! ma fille servante,
Un voyage en Turquie et ma femme vivante !
Tout ce conte à plaisir[13] est une vérité ?

GÉRONTE

1070 Je ne fais point de conte, et n'ai rien inventé.

ANSELME

Vous avez, dites-vous, vu Constance en Turquie ?
Vous osez soutenir qu'Aurélie est Sophie !
Vous parlez de Venise ! et vous avez le front,
N'ayant qu'été par mer de Nole en Nègrepont,
1075 De dire...

GÉRONTE

        En Nègrepont ! ô Dieu, la vaine fable !

ANSELME

Votre fils, qui l'a dit, n'est donc pas véritable[14] ?

GÉRONTE

Quoi ! sans savoir la langue, il peut vous l'avoir dit ?

ANSELME

Il nous a parlé turc, que mon valet apprit
Séjournant sur les lieux pour racheter ma femme.

GÉRONTE, à Horace.

1080 *Soler ?*

HORACE

   Man[15].

ANSELME

        Et bien plus[16], chose à votre âge infâme,
Que vous avez tantôt trouvé le vin si bon
Que vous n'en avez pas oublié la raison[17],

Mais, en la faisant trop, l'avez bien égarée[18] ;
Vos discours m'en étaient une marque assurée.

GÉRONTE

1085 Dieu ! qu'entends-je ? (*A Horace.*)
    Jerusalas, adhuc moluc acoceras maristo, viscelei, huvi havete
    carbulach.

HORACE

    Eracercheter biradam suledi, ben belmen, ne sulodij.

GÉRONTE, *à Anselme.*

Croyez que votre serviteur

Doit être un maître[19] fourbe, un insigne affronteur[20].

ANSELME

Que vous dit-il encor ?

GÉRONTE

Qu'il n'a pu rien comprendre

A ce qu'un de vos gens lui voulait faire entendre.

ANSELME

M'aurait-il attrapé ? le trait serait subtil !
1090 Mais, s'il ne l'entendait, que lui répondait-il ?

GÉRONTE, *à Horace.*

    Acciam sembiliir bel mes, mic sulmes ?

HORACE

    Acciam bien croch soler, sen belmen, sen croch soler.

GÉRONTE

Qu'il ne l'entendait point, et croit que son langage
N'était qu'un faux jargon qui n'est point en usage.
Croyez encore un coup qu'il est un faux vaurien,
Un fourbe, un archifourbe, et gardez-vous-en bien.
1095 Je vous suis inutile et vais trouver mon frère.
Adieu.

ANSELME

Jusqu'au revoir ; le ciel vous soit prospère !

GÉRONTE, *à Horace, s'en allant.*

    Ghidelum anglan cic !

HORACE, *le suivant.*

Ghidelum baba !

4. MOLIÈRE ET LES MŒURS DU TEMPS

Il ne s'agit pas de chercher des sources d'inspiration dans la vie courante du temps, mais de voir comment la comédie de Molière cadrait avec la société de son époque.

4.1. L'ACCUEIL FAIT AU *BOURGEOIS GENTILHOMME*

Voici la relation qu'en fait Grimarest dans sa *Vie de Molière :*

◆ Molière travaillait toujours d'après la nature pour travailler plus sûrement. M. Rohault, quoique son ami, fut son modèle pour le philosophe du *Bourgeois gentilhomme;* et, afin d'en rendre la représentation plus heureuse, Molière fit dessein d'emprunter un vieux chapeau à M. Rohault, pour le donner à du Croisy, qui devait représenter ce personnage dans la pièce. Il envoya Baron chez M. Rohault pour le prier de lui prêter ce chapeau, qui était d'une si singulière figure qu'il n'avait pas son pareil. Mais Molière fut refusé, parce que Baron n'eut pas la prudence de cacher au philosophe l'usage qu'on voulait faire de son chapeau.

... Le *Bourgeois gentilhomme* fut joué pour la première fois à Chambord au mois d'octobre 1670. Jamais pièce n'a été plus malheureusement reçue que celle-là ; et aucune de celles de Molière ne lui a donné tant de déplaisir. Le Roi ne lui en dit pas un mot à son souper, et tous les courtisans la mettaient en morceaux. « Molière nous prend assurément pour des grues de croire nous divertir avec de telles pauvretés, disait M. le Duc de ... ». « Qu'est-ce qu'il veut dire avec son halaba, balachou ? » disait M. le Duc de ..., « le pauvre homme extravague ; il est épuisé ; si quelqu'autre auteur ne prend le théâtre, il va tomber : cet homme-là donne dans la farce italienne ». Il se passa cinq jours avant que l'on représentât cette pièce pour la seconde fois, et, pendant ces cinq jours, Molière, tout mortifié, se tint courbé dans sa chambre. Il appréhendait le mauvais compliment du courtisan prévenu. Il envoyait seulement Baron à la découverte, qui lui rapportait toujours de mauvaises nouvelles. Toute la Cour était révoltée.

Cependant on joua cette pièce pour la seconde fois. Après la représentation, le Roi, qui n'avait point encore porté son jugement, eut la bonté de dire à Molière : « Je ne vous ai point parlé de votre pièce à la première représentation, parce que j'ai appréhendé d'être séduit par la manière dont elle avait été représentée, mais, en vérité, Molière, vous n'avez encore rien fait qui m'ait tant diverti, et votre pièce est excellente. »

Molière reprit haleine au jugement de Sa Majesté, et aussitôt il fut accablé de louanges par les courtisans qui, tout d'une voix, répétaient tant bien que mal ce que le Roi venait de dire à l'avantage de cette pièce. « Cet homme-là est inimitable, disait le même Duc de ..., il y a un *vis comica* dans tout ce qu'il fait, que les anciens n'ont pas si heureusement rencontré que lui. » Quel malheur pour ces Messieurs que Sa Majesté n'eût point dit son sentiment la première fois !

(Grimarest, *Vie de Molière*, 1705.)

◆ Au mois de novembre de la même année 1670, que l'on représenta le *Bourgeois gentilhomme* à Paris, le nombre prit parti de cette pièce. Chaque bourgeois y croyait trouver son voisin peint au naturel, et il ne se lassait pas d'aller voir ce portrait. Le spectacle d'ailleurs, quoique outré et hors du vraisemblable, mais parfaitement bien exécuté, attirait les spectateurs ; et on laissait gronder les critiques, sans faire attention à ce qu'ils disaient contre cette pièce.

Il y a des gens de ce temps-ci qui prétendent que Molière ait pris l'idée du *Bourgeois gentilhomme* dans la personne de Gandouin, chapelier, qui avait consommé cinquante mille écus avec une femme que Molière connaissait et à qui ce Gandouin donna une belle maison qu'il avait à Meudon. Quand cet homme fut abîmé, il voulut plaider pour rentrer en possession de son bien. Son neveu, qui était procureur et de meilleur sens que lui, n'ayant pas voulu entrer dans son sentiment, cet oncle furieux lui donna un coup de couteau, dont pourtant il ne mourut pas. Mais on fit enfermer ce fou à Charenton d'où il se sauva par-dessus les murs. Bien loin que ce bourgeois ait servi d'original à Molière pour sa pièce, il ne l'a connu ni devant, ni après l'avoir faite ; et il est indifférent à mon sujet que l'aventure de ce chapelier soit arrivée ou non après la mort de Molière.

(Grimarest, *Vie de Molière*, 1705.)

Une *lettre sur Molière* montre, en accord avec le texte précédent, l'intérêt que les contemporains manifestent toujours pour les clefs :

Le portrait que fait Cléonte dans le troisième acte du *Bourgeois gentilhomme* est fait d'après elle [Armande Béjart]. Elle jouait tous les grands rôles dans les pièces de son mari, qu'il travaillait exprès pour ses talents. Elle avait de la voix et chantait ordinairement avec La Grange dans le second acte du *Malade imaginaire*.

4.2. STENDHAL

Stendhal, dans un écrit qui fait le lien entre le *Racine et Shakespeare* de 1823 et celui de 1825, fait une étude qui, centrée sur 1670, stimulera sans doute plus l'intérêt qu'un texte plus objectif ou plus spécialisé sur le même sujet : *De l'état de la société par rapport à la comédie, sous le règne de Louis XIV*. En voici le texte intégral :

Haïr n'est pas un plaisir ; je crois même que beaucoup de lecteurs penseront avec moi que c'est une peine, et une peine d'autant plus vive, qu'on a plus d'imagination ou de sensibilité.

La Bruyère a dit :

« Se dérober à la cour un seul moment, c'est y renoncer. Le courtisan qui l'a vue le matin la voit le soir, pour la reconnaître le lendemain, et afin que lui-même y soit connu. »
Même en 1670, dans les plus beaux temps de Louis XIV, la cour ne fut qu'un rassemblement d'ennemis et de rivaux. La haine, l'envie, y dominaient ; comment la vraie gaieté s'y serait-elle montrée ?
Ces gens qui se haïssent si cordialement entre eux, et qui mouraient après cinquante ans de haine, demandant encore sur le lit de mort : « Comment se porte monsieur un tel[21] ? », ces gens détestaient encore plus certains êtres qu'ils n'apercevaient jamais que pour les pressurer ou en avoir peur. Leur haine était d'autant plus forte, qu'elle était précédée par le mépris. Ce qui pouvait les choquer le plus au monde, c'était le soupçon d'avoir quelque chose de commun avec ces êtres-là. « *Ce que vous dites-là, mon fils, est bien peuple* », dit Louis XIV, un jour que ce grand roi jugea convenable de pousser la réprimande presque jusqu'à l'injure. Aux yeux de Louis XIV, d'Henri IV, de Louis XVIII, il n'y eut jamais en France que deux classes de personnes : les nobles, qu'il fallait gouverner par l'*honneur* et récompenser avec le cordon bleu ; la canaille, à laquelle on fait jeter force saucisses et jambons dans les grandes occasions, mais qu'il faut pendre et massacrer sans pitié dès qu'elle s'avise d'élever la voix[22].
Cet état de la civilisation présente deux sources de comique pour les courtisans : 1. se tromper dans l'imitation de ce qui est de bon goût à la cour ; 2. avoir dans ses manières ou dans sa conduite une ressemblance quelconque avec un bourgeois.
Les lettres de madame de Sévigné prouvent toutes ces choses jusqu'à l'évidence. C'était une femme douce, aimable, légère, point méchante. Voyez sa correspondance pendant ses séjours à sa terre des *Rochers*, en Bretagne, et le ton dont elle parle des pendaisons et autres mesures acerbes employées par son bon ami M. le duc de Chaulnes.
Ces lettres charmantes montrent surtout qu'un courtisan était toujours pauvre. Il était pauvre, parce qu'il ne pouvait pas avoir le même luxe que son voisin ; et, ce qu'il y avait d'*affreux*, de poignant pour lui, c'étaient les grâces de la cour qui mettaient ce voisin à même d'étaler tout ce luxe.

Ainsi, outre les deux sources de haine indiquées ci-dessus, un courtisan avait encore pour contribuer à son bonheur, la pauvreté avec vanité, la plus cruelle de toutes, car elle est suivie par le mépris[23].

A la cour de Louis XIV, en 1670, au milieu de tant d'amers chagrins, d'espérances déçues, d'amitiés trahies, un seul ressort restait à ces âmes vaines et légères : l'anxiété du jeu, les transports du gain, l'horreur de la perte. Voir le profond ennui d'un Vardes ou d'un Bussy-Rabutin au fond de leur exil. N'être plus à la cour, c'était avoir tous les malheurs, tous les chagrins, sentir toutes les pointes de la civilisation d'alors, sans ce qui les faisait supporter. Il fallait, pour l'exilé, ou vivre avec des bourgeois, chose horrible, ou voir les courtisans du troisième ou quatrième ordre, qui venaient faire leur charge dans la province, et qui vous accordaient leur pitié. Le chef-d'œuvre de Louis XIV, le complément du système de Richelieu, fut de créer cet ennui de l'exil.

La cour de Louis XIV, pour qui sait la voir, ne fut jamais qu'une table de *pharaon*. Ce fut de telles gens que, dans l'intervalle de leurs parties, Molière se chargea d'amuser. Il y réussit comme un grand homme qu'il était, c'est-à-dire d'une manière à peu près parfaite. Les comédies qu'il présenta aux courtisans de l'*homme-roi* furent probablement les meilleures et les plus amusantes que l'on pût faire pour ces sortes de gens. Mais, en 1825, nous ne sommes plus ces sortes de gens. L'opinion est faite par des gens habitant Paris, et ayant plus de dix mille livres de rente et moins de cent. Quelquefois la *dignité*[24] des courtisans de Louis XIV se trouva choquée même de l'imitation gaie de ce qu'il y avait de plus ridiculement odieux à leurs yeux : un marchand de Paris. Le *Bourgeois gentilhomme* leur parut *affreux*, non pas à cause du rôle de Dorante, qui aujourd'hui ferait frémir MM. Auger, Lémontey et autres censeurs, mais tout simplement parce qu'il était dégradant et dégoûtant d'avoir les yeux fixés si longuement sur un être aussi abject que M. Jourdain, sur un marchand. Toutefois Louis XIV fut de meilleur goût ; ce grand roi voulut relever ses sujets industriels, et d'un mot il les rendit dignes qu'on se moquât d'eux. « Molière », dit-il à son valet de chambre-tapissier, tout triste des mépris de la cour, « Molière, vous n'avez encore rien fait qui m'ait tant diverti, et votre pièce est excellente. »

L'avouerai-je ? je suis peu sensible à ce bienfait du grand roi. Lorsque, vers 1720, les dissipations des grands seigneurs et le système de Law eurent enfin créé une bourgeoisie, il parut une troisième source de comique : l'imitation imparfaite et gauche des aimables courtisans. Le fils de M. Turcaret[25], déguisé sous un nom de terre, et devenu fermier général, dut avoir dans le monde une existence[26] dont le modèle n'avait pas paru sous Louis XIV, dans ce siècle où les ministres eux-mêmes avaient commencé à n'être que des bourgeois. Un homme de la cour ne pouvait voir M. Colbert que pour affaires. Paris se remplit de bourgeois fort riches, dont les mémoires de Collé vous donneront la nomenclature : MM. d'Angivilliers, Turgot, Trudaine, Monticourt, Helvétius, d'Epinay, etc. Peu à peu ces hommes opulents et bien élevés, fils des grossiers Turcarets, commencèrent cette fatale opinion publique, qui a fini par tout gâter en 1789. Ces fermiers généraux recevaient les gens de lettres à leurs soupers, et ceux-ci sortirent un peu du rôle de *bouffons* qu'ils avaient rempli à la table des véritables grands seigneurs.

Les *Considérations sur les mœurs,* de Duclos, sont le *Code civil* de ce nouvel ordre de choses, dont les *Mémoires de madame d'Epinay* et de Marmontel nous ont laissé une description assez amusante. On y voit un M. de Bellegarde, qui, malgré son grand nom, n'est qu'un fermier général ; mais il mange deux cent mille francs par an, et son fils, élevé dans le même luxe que M. le duc de Fronsac, se trouve son égal, pour les manières[27].

De ce moment, Turcaret fut sans modèles ; mais cette nouvelle société de 1720 à 1790, ce changement total si important pour l'histoire et la politique, l'est fort peu pour la comédie : pendant tout ce temps, elle n'eut point d'homme de génie. Les esprits, étonnés de pouvoir raisonner, se jetaient avec fureur dans ce plaisir tout nouveau. Raisonner sur l'existence de Dieu parut charmant, même aux dames. Les parlements et les archevêques, par leurs condamnations, vinrent jeter quelque piquant sur cette manière aride d'employer son esprit ; tout le monde lut avec fureur *Emile*, l'*Encyclopédie*, le *Contrat social*.

Un homme de génie parut tout à fait à la fin de cette époque. L'Académie, par l'organe de M. Suard, maudit Beaumarchais. Mais déjà il ne s'agissait plus de s'amuser dans le salon ; on songeait à reconstruire la maison, et l'architecte Mirabeau l'emporta sur le décorateur Beaumarchais. Quand un peu de bonne foi dans le pouvoir aura terminé la Révolution, peu à peu tout se classera ; le raisonnement lourd, philosophique, inattaquable, sera laissé à la Chambre des députés. Alors la comédie renaîtra, car on aura un besoin effréné de rire. L'hypocrisie de la vieille madame de Maintenon et de la vieillesse de Louis XIV fut remplacée par les orgies du Régent ; de même, quand nous sortirons, enfin, de cette farce lugubre, et qu'il nous sera permis de déposer le passeport, le fusil, les épaulettes, la robe de jésuite et tout l'attirail (contre)-révolutionnaire, nous aurons une époque de gaieté charmante. Mais abandonnons les conjectures politiques, et revenons à la comédie. On fut ridicule dans les comédies telles quelles, de 1720 à 1790, quand on n'imita pas, comme il faut, la partie des mœurs de la cour que M. de Monticourt ou M. de Trudaine, gens riches de Paris, pouvaient permettre à leur vanité[28].

Que me fait à moi, Français de 1825, qui ai de la considération au prorata de mes écus, et des plaisirs en raison de mon esprit, que me fait l'imitation plus ou moins heureuse du bon ton de la cour ? Il faut bien toujours, pour être ridicule, que l'on se trompe sur le chemin du bonheur. Mais le bonheur ne consiste plus uniquement pour les Français, à imiter, chacun selon les convenances de son état, les manières de la cour.

Remarquez toutefois que l'habitude de conformer nos actions à un *patron convenu* nous reste. Aucun peuple ne tient plus à ses habitudes que le Français. L'excessive vanité donne le mot de cette énigme : nous abhorrons les périls obscurs.

Mais, enfin, aujourd'hui ce n'est plus Louis XIV et les impertinents de sa cour, si bien peints par le courtisan Dangeau, qui sont chargés de confectionner le *patron* auquel, chacun suivant les convenances de notre fortune, nous brûlons de nous conformer.

C'est l'*opinion de la majorité* qui élève sur la place publique le modèle auquel tous sont tenus de se conformer. Il ne suffit plus de se tromper sur le chemin qui mène à la cour. Le comte Alfieri raconte, dans sa *Vie,* que, le premier jour de l'an 1768, les échevins de Paris s'étant égarés, et n'étant pas arrivés dans la galerie de Versailles assez à temps pour recueillir un regard que Louis XIV daignait laisser tomber sur eux, ce premier jour de l'an, en allant à la messe, ce roi demanda ce qu'étaient devenus les échevins ; une voix répondit : « Ils sont restés embourbés », et le roi lui-même daigna sourire[29].

L'on raconte encore ces sortes d'anecdotes, on en rit comme d'un conte de fées au faubourg Saint-Germain. L'on regrette un peu le temps des fées ; mais il y a deux siècles entre ces pauvres échevins de Paris, se perdant dans la boue sur le chemin de Versailles, et de grands seigneurs venant briguer une bourgeoise réputation de bien dire à la Chambre des députés, pour de là passer au ministère.

NOTES. — 1. *Consul :* membre du conseil municipal. Limoges était administrée par six consuls, dont la charge durait deux ans. 2. *Assesseur :* magistrat siégeant au présidial, tribunal de première instance sous l'Ancien Régime. 3. *Elu :* officier du gouvernement royal, chargé de répartir certains impôts (la taille et les aides) et de régler les contestations relatives à ces impôts dans une circonscription appelée *élection.* L'élection était une subdivision de la généralité. 4. *Tenir.* Sur les fonts baptismaux en qualité de parrain. 5. Il s'agit du *gouverneur* de la province, personnage fort important, représentant direct de l'autorité royale. Les gouverneurs étaient toujours de famille noble. 6. *Galant :* élégant, de bonne compagnie. 7. *Périgordin :* périgourdin. 8. *Hardes :* « Les habits et meubles portatifs qui servent à vêtir ou à parer une personne ou sa chambre » (*Dict. Furetière*). 9. Il s'agit d'un turc de pure invention (voir IV, I, Ergaste : « Je ne sais quel génie, en ce besoin extrême, / Me dictait un jargon que j'ignore moi-même »). Molière s'est souvenu de ce passage, et c'est avec ce turc de fantaisie qu'il a commencé le discours latin de Sganarelle dans *le Médecin malgré lui*, II, IV : « Cabricias arci thuram... » — Rotrou, copiant ici textuellement le texte en prose de Della Porta, ne considère plus ce turc comme s'intégrant à la versification ; mais la finale en *-la* lui suffit pour interrompre quatre rimes féminines consécutives ; même chose après le vers 1022, où *Nola* semble rimer de loin avec *Constantinopola*. 10. Ce nom n'est pas dans *La Sorella* et semble de l'invention de Rotrou, peut-être par une curieuse association d'idées avec Juste Lipse, le célèbre philologue de la fin du XVIe siècle ; car il est peu probable que ce nom renvoie à Lipsi, la petite île du Dodécanèse. 11. L'Eubée, appelée Nègrepont par les navigateurs italiens du Moyen Age, au nord-est de l'Attique ; comme la Grèce, elle était sous la domination turque depuis 1470. 12. Ce turc, à quelques différences près, a servi encore au latin de Sganarelle dans *le Médecin malgré lui*, II, IV : « Ossabandus, nequeys, nequer, potarinum... ». 13. *A plaisir* : pour se divertir (voir Molière, *l'Etourdi*, III, II : tout ce beau mystère « N'est qu'un pur stratagème, un trait facétieux, / Une histoire à plaisir, un conte [...] »). 14. *Véritable* : qui dit la vérité, sincère. 15. Ici les mots en pseudo-turc entrent dans la mesure du vers, car ils sont courts ; les phrases qui suivent, en revanche, en sont exclues. 16. Sous-entendre « il a dit ». 17. La raison de ce que vous faisiez, de ce qui vous faisait boire : ils vinquaient à *l'honneur de leur chère patrie* retrouvée (vers 1044). 18. Rotrou joue ici sur le mot *raison* : 1° *faire raison à quelqu'un* (d'une santé qu'il a portée) : boire à son tour avec lui à la santé de la personne (ou de la chose) désignée (voir La Fontaine, *Contes*, les Rémois : « Je bois, dit-il, à la santé des dames ! / Et de trinquer : passe encore pour cela. / On fit raison ; le vin ne dura guère ») ; 2° *égarer sa raison* : la perdre, devenir insensé ou fou. 19. Titre donné dans les anciennes corporations à l'apprenti qui avait prouvé ses capacités professionnelles en exécutant ce qu'on appelait le *chef-d'œuvre ;* le mot s'appliqua par la suite à ceux qui se signalaient « par quelque mauvaise qualité » (Furetière, 1690 ; voir La Fontaine, IX, XVI : « nos deux maîtres fripons », et Molière, *l'Avare*, I, III : « maître juré filou »). 20. *Affronteur :* celui qui trompe impudemment (voir la note du vers 498). 21. Historique. Voir Saint-Simon. 22. Mémoires de Bassompierre, de Gourville, etc. 23. Lettres de Mme de Sévigné. — Détails sur la vie et les projets de M. le marquis de Sévigné, et de MM. de Grignan père et fils. 24. Pour prendre une idée exacte de cette *dignité*, voir les mémoires de Mme la duchesse d'Orléans, mère du Régent. Cette sincère Allemande dérange un peu les mille mensonges de Mme de Genlis, de M. de Lacretelle et autres personnages du même poids. 25. Ce soir, mon fiacre a été arrêté un quart d'heure sur le boulevard des Italiens par les descendants des croisés, qui faisaient queue pour tâcher d'être admis au bal du nouveau banquier juif (M. de Rothschild). La matinée des nobles dames du faubourg Saint-Germain avait été employée à faire toute sorte de bassesses pour s'y faire prier. 26. Mémoires de Collé. 27. Lever de Mme d'Epinay : « Les deux laquais ouvrent les deux battants pour me laisser sortir et crient dans l'antichambre : Voilà madame, messieurs, voilà madame. Tout le monde se range en haie. D'abord, c'est un polisson qui vient brailler un air, et à qui on accorde sa protection pour le faire entrer à l'Opéra, après lui avoir donné quelques leçons de bon goût, et lui avoir appris ce que c'est que la *propreté du chant français*. Puis, ce sont des marchands d'étoffes, des marchands d'instruments, des bijoutiers, des colporteurs, des laquais, des décrotteurs, des créanciers, etc. » (*Mémoires et correspondance* de Mme d'Épinay, t. I, p. 356-357.) 28. Le rôle de *Récard*, dans une comédie en prose et en cinq actes de Collé, à la suite de ses *Mémoires ;* le *Mondor* des *Fausses Infidélités*, etc. 29. *Vita di Alfieri*, tome Ier, page 140.

JUGEMENTS
SUR « LE BOURGEOIS GENTILHOMME »

XVIIᵉ SIÈCLE

Le gazetier Robinet donne un compte rendu rapide qui laisse entendre que la pièce fut un succès, sans que, cependant, son éloge dépasse les termes d'une banalité convenue.

> Mardi, ballet et comédie,
> Avec très bonne mélodie
> Aux autres ébats succéda,
> Où tout, dit-on, des mieux alla,
> Par les soins des deux grands Baptistes,
> Originaux et non copistes,
> Comme on sait dans leur noble emploi,
> Pour divertir notre grand Roi,
> L'un par sa belle comédie,
> Et l'autre par son harmonie.

Robinet,
Lettre en vers à Monsieur
(18 octobre 1670).

Boileau, qui a défendu l'auteur du Misanthrope sans jamais bien comprendre celui des Fourberies de Scapin, ne nous a rien laissé sur ce Bourgeois gentilhomme dont il ne devait guère goûter les mascarades.

XVIIIᵉ SIÈCLE

Le XVIIIᵉ siècle nous apporte la comparaison de deux jugements opposés : ceux de Rousseau et de Voltaire. Pour le premier, le Bourgeois gentilhomme est une pièce immorale, comme toutes les comédies de Molière, puisqu'on rit aux dépens de Monsieur Jourdain et qu'on est ainsi complice de Dorante. Mais Voltaire n'a pas pitié de la vanité du Bourgeois.

J'entends dire qu'il [Molière] attaque les vices; mais je voudrais bien que l'on comparât ceux qu'il attaque avec ceux qu'il favorise. Quel est le plus blâmable, d'un bourgeois sans esprit et vain qui fait sottement le gentilhomme, ou du gentilhomme fripon qui le dupe ? Dans la pièce dont je parle, ce dernier n'est-il pas l'honnête homme, n'a-t-il pas pour lui l'intérêt et le public n'applaudit-il pas à tous les tours qu'il fait à l'autre ?

J.-J. Rousseau,
Lettre à M. d'Alembert sur les spectacles (1758).

Le *Bourgeois gentilhomme* est un des plus heureux sujets de comédie que le ridicule des hommes ait pu fournir. La vanité, attribut de l'espèce humaine, fait que les princes prennent le titre de rois, que les grands seigneurs veulent être des princes [...]. Cette faiblesse est précisément la même que celle d'un bourgeois qui veut être homme de qualité; mais la folie du bourgeois est la seule qui soit comique et qui puisse faire rire au théâtre : ce sont les extrêmes disproportions des manières et du langage d'un homme avec les airs et les discours qu'il veut affecter qui font un ridicule plaisant.

Voltaire,
Sommaires des pièces de Molière (1765).

XIXe SIÈCLE

Sainte-Beuve, qui revint souvent dans ses articles de critique sur Molière et son œuvre, a aussi défini les raisons profondes de son goût pour Molière.

Aimer Molière, c'est être assuré de ne pas aller donner dans l'admiration béate et sans limite pour une humanité qui s'idolâtre et qui oublie de quelle étoffe elle est faite, et qu'elle n'est toujours, quoi qu'elle fasse, que l'humaine et chétive nature. C'est ne pas la mépriser trop pourtant, cette commune humanité dont on rit, dont on est, et dans laquelle on se replonge chaque fois avec lui par une hilarité bienfaisante.

Sainte-Beuve,
Nouveaux Lundis (13 juillet 1863).

Plus tard, Gustave Lanson admire, entre autres, l'exactitude avec laquelle Molière a décrit les diverses classes sociales de son temps, et il explique pourquoi cette peinture garde encore sa vérité.

Les bourgeois sont nombreux et divers comme leur classe : M. Dimanche, le marchand, créancier né des gentilshommes, et né pour être payé en monnaie de singe; Mme Jourdain, toute proche du peuple par son bon sens, sa tête chaude, sa parole bruyante, et sa bonté foncière; Jourdain, Arnolphe, les bourgeois vaniteux qui jouent au gentilhomme, prennent des noms de terre ou frayent avec des nobles dont la compagnie leur coûte cher [...]. Voici enfin la noblesse de Paris et de la cour : le noble ruiné qui se fait escroc, Dorante [...]. Il est remarquable que Molière a si bien posé les traits caractéristiques des diverses classes de la société française, qu'à travers toutes les révolutions les grandes lignes de ses études restent vraies.

G. Lanson,
Histoire de la littérature française (1894).

XXᵉ SIÈCLE

La critique du XXᵉ siècle s'aperçoit qu'on a trop souvent négligé le divertissement qui accompagne et couronne la pièce et qu'on a jugé le Bourgeois gentilhomme en faisant abstraction d'un élément essentiel, le ballet, considéré jusqu'alors comme un ornement surajouté. Dans quelle mesure la composition de la pièce est-elle conditionnée par le divertissement ? Telle est à peu près la question autour de laquelle tournent les jugements portés au XXᵉ siècle, avec quelques nuances ou même quelques divergences dans les réponses.

Le roi avait dit : « Un ballet avec des Turcs ! » L'esprit de Molière part de là. Il se pose cette question naturelle : « Chez les Turcs, qu'est-ce qu'il y a de plus comique ? Le Grand Turc, parbleu ! Mais le Grand Turc fait bien vieux. Prenons le fils du Grand Turc. Et comme il s'agit d'une comédie, ce ne peut être qu'un simulacre de fils du Grand Turc ! Un jeune homme sous ce déguisement dupera le bourgeois qui lui aura refusé sa fille. » [...] Molière tient son sujet. Il lui a suffi de mener logiquement sa pensée. C'est toujours cette logique inattaquable qui donne à ses pièces leur premier ton d'éternelle vérité. [...]

Comédie-ballet, dit le sous-titre de la pièce, c'est-à-dire que la comédie s'envolera sur les ailes de la poésie, à la minute où elle entrera dans un ballet, ou que simplement le ballet sera la réalité haussée d'un ton, dans l'allégresse. Le comique des paroles illustrées par le geste ne suffit plus à Molière. Il veut une joie plus rayonnante. Il fait appel à la musique, et il invente cette apothéose qu'est la cérémonie. *Le Bourgeois gentilhomme* est ainsi le contraire d'une comédie mal équilibrée. C'est la fleur exquise d'une civilisation, qui a su quelque temps que l'art théâtral unit le plaisir des yeux et des oreilles à celui de l'esprit. [...] On peut l'étudier de toutes manières : on ne voit que bonheur dans la réussite.

René Benjamin,
Molière (1936).

Il [Molière] a devant les yeux un Monsieur Jourdain rubicond, chamarré, flamboyant, un magnifique Jourdain-citrouille, tout jubilant de l'habit qu'on lui présente comme une bannière de la Fête-Dieu, bourrant de pistoles les poches des compagnons tailleurs (ce qui ne l'empêche pas de voir qu'on le vole, car il a l'œil marchand), trop heureux d'ouvrir son coffre-fort à Dorante, dansant le menuet, faisant la révérence, appelant ses laquais, changeant vingt fois d'indienne, pestant contre Nicole, et s'étalant dans ses fauteuils de damas écarlate avec un bonheur qui, pour devenir complet, ne demanderait qu'à être partagé. [...] L'épaisseur de son ridicule est énorme, et jamais rien dans son attitude n'inspire le dégoût. On devine Molière content de le regarder, de le palper, de l'installer dans ses meubles, de planter un turban sur sa perruque, d'en faire un Mamamouchi, de le voir si prospère, si triomphant, si bien en scène. Au fond, ce gros bouffon à figure de pivoine lui est sympathique.

Pierre Brisson,
Molière (1944).

Le *Bourgeois gentilhomme* n'est ni une étude sociale, ni une étude de caractère. La pièce est bâtie à la diable. Les deux premiers actes ne sont rien qu'une série de *lazzi*. L'action ne commence qu'au IIIe acte. Elle reste extrêmement sommaire, d'une invraisemblance parfaite et sereine. La matière manque tellement que Molière recommence pour la troisième fois la scène du double dépit amoureux, qu'il avait déjà reprise en 1667 pour meubler le vide du IIe acte de *Tartuffe*. Les caractères ne sont même pas tous cohérents. Dorante commence par promettre beaucoup. Ce gentilhomme élégant est d'une indélicatesse froide. Il annonce le chevalier d'industrie. Il pouvait fournir la matière d'une étude très neuve. Mais Molière s'arrête en chemin et le Dorante du dernier acte est devenu un personnage sympathique.

Ces défauts seraient graves si le *Bourgeois gentilhomme* était une grande comédie. Ils n'ont aucune importance dans une comédie-ballet, et celle-ci, prise telle qu'elle est, avec les libertés du genre, dans son vrai ton et son exact éclairage, est une des œuvres les plus heureuses de Molière, par sa verve endiablée, la valeur amusante de Mme Jourdain et surtout la vie prodigieuse de M. Jourdain.

Antoine Adam,
*Histoire de la littérature française
au XVIIe siècle* (1952).

Monsieur Jourdain pousse à l'absurde l'ambition bourgeoise de tout acquérir à prix d'argent : la considération, les titres, les belles manières. Si son pouvoir défaut parce qu'il ne se voit pas comme les autres le voient, si son délire l'enferme dans une solitude totale, il se crée un univers à lui où tout devient déguisement : les beaux habits, le beau langage et les gestes élégants. Il est donc normal de finir en apothéose sur la cérémonie turque, jeu du travestissement avec ses oripeaux, son galimatias et ses salamalecs.

Alfred Simon,
Molière par lui-même (1957).

SUJETS DE DEVOIRS ET D'EXPOSÉS

NARRATIONS, LETTRES ET PORTRAITS

● Nicole raconte à Toinette (du *Malade imaginaire*) les événements qui viennent de se dérouler chez son maître, particulièrement la cérémonie à laquelle elle a assisté en cachette.

● Monsieur Jourdain et Chrysale (des *Femmes savantes*) se rencontrent, chacun d'eux se plaint des ennuis que sa femme ne cesse de lui susciter dans sa vie domestique. Mais ils s'aperçoivent bientôt qu'ils ne sont pas d'accord sur la façon de concevoir la vie familiale. Vous donnerez à leur discussion un dénouement de votre choix.

● Harpagon écrit à un de ses amis pour lui raconter les folies de Monsieur Jourdain, dont il a entendu parler.

● Ce qu'on dit de Monsieur Jourdain dans son quartier.

● Faites le portrait du Bourgeois gentilhomme à la manière de La Bruyère.

● Faites le portrait de l'un des maîtres à la manière de La Bruyère.

DISSERTATIONS ET EXPOSÉS

● Les jeux de scène dans *le Bourgeois gentilhomme*. En quoi contribuent-ils non seulement à rendre l'action plaisante, mais encore à préciser les caractères (en particulier celui de Monsieur Jourdain) ?

● Comparez la cérémonie du *Bourgeois gentilhomme* à celle du *Malade imaginaire*.

● Déterminez, dans *le Bourgeois gentilhomme*, la part de la fantaisie, de la farce, de la comédie profonde — et donnez votre impression sur l'art de Molière.

● Un critique de la fin du XIXᵉ siècle, Jacquinet, écrit dans la Notice du *Bourgeois gentilhomme* : « La dernière de nos révolutions (1870), sous le flot démocratique de laquelle tout s'est aplani, si elle n'a pas mis fin au sot besoin de se distinguer du commun par un nom de naissance ou par un titre, paraît bien en avoir effacé, sinon détruit, le relief comique sans retour. » Vous semble-t-il, au contraire, que le ridicule, si plaisamment raillé par Molière, garde, encore aujourd'hui, son relief comique ?

● Imaginez qu'un auteur comique d'aujourd'hui veuille reprendre le thème du *Bourgeois gentilhomme* et le moderniser. Résumez acte par acte l'action ainsi transposée.

● En quoi Monsieur Jourdain peut-il être considéré comme l'ancêtre des « nouveaux riches » ?

● A quoi servent les rôles de Covielle et de Nicole dans *le Bourgeois gentilhomme* ? Sont-ils aussi importants que les rôles des valets et des servantes dans les autres pièces de Molière ?

TABLE DES MATIÈRES

IMPRIMERIE HÉRISSEY — 27000 - ÉVREUX.
Dépôt légal : Décembre 1970. — N° 42068 — N° de série Éditeur : 13788.
IMPRIMÉ EN FRANCE *(Printed in France)*. — 870 101 F-Avril 1987.